조알다 모란시 글

미국 시카고대학교에서 천체물리학과를 졸업하고, 콜로라도 광업대학에서 우주자원학을 공부하고 있습니다.
현재 미국 우주 기업 '블루 오리진'에서 항공 우주 시스템 엔지니어로 일하고 있습니다.

에이미 그라임스 그림

런던에서 활동하는 일러스트레이터로, 자연과 그 안에서 발견되는 자연스러운 무늬에서 영감을 얻어
밝고 강렬한 소재, 꽃과 나무의 풍경을 자주 그립니다.
출판과 디자인 업계와 협업하는 동시에 그림과 문구 등을 판매하는 '헬로 그라임스'라는 브랜드를 운영하고 있습니다.
그동안 그린 책으로는《신화가 좋다 여행이 좋다》,《잠들기 전 5분 잠 이야기》등이 있습니다.

한성희 옮김

저널리즘을 공부했으며, 현재 번역 에이전시 엔터스코리아에서 전문 번역가로 활동하고 있습니다.
옮긴 책으로는《진정한 아름다움》,《종소리 울리던 밤에》,《겨울은 여기에!》,《작은 별을 주운 어느 날》,
《지구를 지켜줘!》,《리키, 너도 구를 수 있어!》,《작은 구름 이야기》,《산타의 365일》,《어마어마한 곤충의 모든 것》,
《하루살이에서 블랙홀까지, 대자연의 순환》등이 있습니다.

우주에서 외계인을 찾는 과학적인 방법
Aliens

1판 1쇄 | 2023년 12월 1일

글 | 조알다 모란시
그림 | 에이미 그라임스
옮김 | 한성희

펴낸이 | 박현진
펴낸곳 | (주)풀과바람
주소 | 경기도 파주시 회동길 329(서패동, 파주출판도시)
전화 | 031) 955-9655~6
팩스 | 031) 955-9657
출판등록 | 2000년 4월 24일 제20-328호
블로그 | blog.naver.com/grassandwind
이메일 | grassandwind@hanmail.net

편집 | 이영란
마케팅 | 이승민

값 19,000원
ISBN 979-11-7147-017-4 77440

ALIENS by Joalda Morancy, illustrated by Amy Grimes
Copyright © 2022 St. Martin's Press
First published 2022 by Neon Squid a division of Macmillan Publishers
international Limited.

All rights reserved.
This Korean edition was published by GrassandWind Publishing in 2023
by arrangement with Macmillan Publishers International Limited through
KCC(Korea Copyright Center Inc.), Seoul.

이 책은 (주)한국저작권센터(KCC)를 통한 저작권자와의 독점계약으로
(주)풀과바람에서 출간되었습니다. 저작권법에 의해 한국 내에서 보호를 받는
저작물이므로 무단전재와 복제를 금합니다.

※잘못 만들어진 책은 구입처에서 바꾸어 드립니다.

제품명 우주에서 외계인을 찾는 과학적인 방법 | 제조자명 (주)풀과바람 | 제조국명 대한민국
전화번호 031)955-9655~6 | 주소 경기도 파주시 회동길 329
제조년월 2023년 12월 1일 | 사용 연령 8세 이상
KC마크는 이 제품이 공통안전기준에 적합하였음을 의미합니다.

⚠ 주의

어린이가 책 모서리에
다치지 않게 주의하세요.

우주에서 외계인을 찾는 과학적인 방법

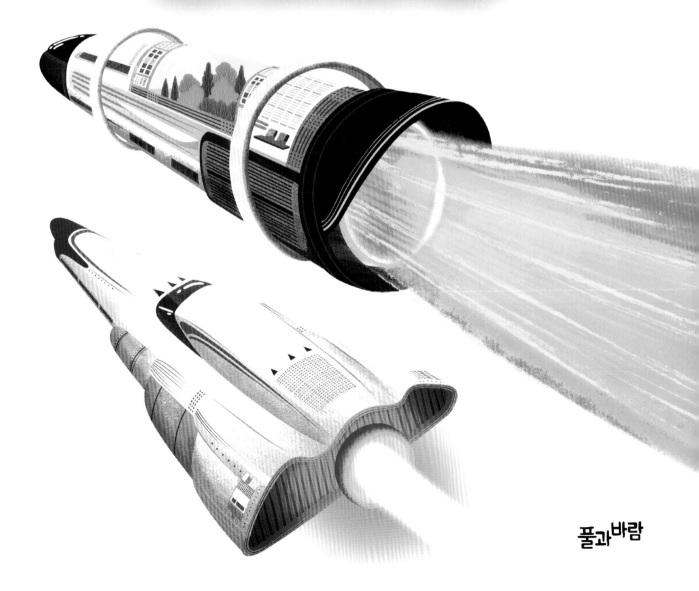

풀과바람

차례

모험의 시작

외계인 사냥꾼과 우주 여행자, 그리고 호기심이 가득한 사람을 환영합니다!
여러분은 지구에서 온갖 종류의 놀라운 생명체를 보고 우주 어딘가에도 생명체가
존재하지 않을까 궁금했을지도 몰라요. 우리는 외계 생명체를 찾고 있을까요? 과연
발견할까요? 외계 생명체는 우리처럼 생겼을까요? 아니면 전혀 상상하지 못한
모습일까요?

나는 이 책에서 여러분이 답을 찾도록 도와줄 거예요. 태양계를 가로질러 우주
깊숙한 곳으로 데려가서 말이죠. 내 이름은 조알다이고, 여러분과 같은 사람입니다.
나는 우주 생명체에 관심이 많으며, 인류가 미지의 세계 깊숙이 모험하도록 돕고
있어요. 지구와 우주의 생명체를 연구하는 우주 생물학이 얼마나 굉장한지, 오늘날
과학자들이 어떻게 외계인을 찾고 있는지 다 알려 주고 싶어요. 한 번도 겪어 보지
못한 놀라운 세계로 떠날 테니까 꽉 붙잡으세요!

조알다 모란시

소행성대

명왕성

태양

수성

달

지구

화성

케레스

천왕성

카이퍼 벨트

해왕성

토성

타이탄

명왕성

엔켈라두스

외계인이 가까이 있을까요?

외계 생명체는 태양계 곳곳에 숨어
있을지도 몰라요! 우리 여행은 지구에서
출발해요. 지구 생명체와 외계인이
무엇인지, 개념을 하나하나 파악한 다음에
금성으로 향할 거예요.
그다음에 화성과 소행성대로 떠나죠.
목성의 위성 중 하나인 유로파에 잠깐
정차한 뒤에 토성 주변 세계를 탐험해요.
그러고는 천왕성과 해왕성을 휙 지나서
우리 우주를 벗어나 저쪽 세계 깊숙이
들어갈 거예요!

목성

유로파

거기
누구 있나요?

우주에서 우리의 위치

천체 지도에서 우리를 놓고 보면
주변의 모든 것보다 우리가 얼마나
작은지를 알 수 있어요. 전체적으로
보면, 우리는 넓디넓은 우주에서 거의
보이지 않는, 아주 작은 점이에요.

우주
과학자들은 '빅뱅'이라는
거대한 폭발로 우주가 탄생했다고
생각해요. 우주에는 1천억 개가
넘는 은하가 있고, 은하마다 수백만
개의 별(항성)과 태양계가 있다고
해요.

드레이크 방정식

1961년에 프랭크 드레이크라는
천체물리학자가 우리은하에 있을 법한
외계 문명의 수를 계산하려고 방정식을
만들었어요. 과학적으로 외계 생명체를
찾아보려는 첫 시도였죠. 처음에는 단지
짐작하는 정도로만 쓰려고 했는데, 많은
논란을 불러일으켰어요!

 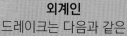 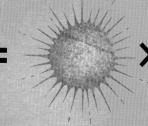 

외계인
드레이크는 다음과 같은
계산으로 지적인 외계
문명의 수를 추측할 수
있다고 생각했어요.

항성
먼저 우리은하에서
얼마나 자주 항성이
만들어지는지 알아야
해요(우리은하에서는
1년에 약 5~20개의
항성이 만들어져요).

행성
행성이 있는 항성이
얼마나 많은지 알아야
해요. 오늘날 대부분의
별에는 주위를 도는
행성이 있다고 알려져
있어요.

우주는 약 140억 년 전에 만들어졌어요. 여러분이 눈치채지 못했을 수도 있지만, 우주는 엄청나게 커요. 그뿐만 아니라 점점 커지고 있어요. 우주는 1초마다 계속 넓어지고 있죠. 우주가 이렇게 넓고 크다면 이런 궁금증이 생겨요. '다들 어디 있지? 아주 멀리 떨어진 어딘가에 생명체가 존재할까? 분명히 우주에 살아 있는 생명체가 우리만 있을 리 없는데… 만일 그렇다면?'

지구
우리가 사는 고향 행성은 '지구'라고 불러요. 지구는 우리가 알기에 우주 전체에서 생명체가 있는 유일한 곳이죠!

태양계
우리 행성은 태양계에 있어요. 태양계에는 행성과 위성과 별 주위를 도는 다른 천체가 모여 있어요. 우리 별의 이름은 뭘까요? 맞춰 보세요. 바로 '태양'이에요. 태양계는 우리은하의 중심에서 약 2만 7천 광년 떨어져 있어요.

우리은하
우리는 '은하수'라고 불리는, 끊임없이 회전하는 나선 은하에 살고 있어요. 은하수의 길이는 10만 광년이 넘어요. 이는 빛이 은하수를 지나가는 데 그만큼의 시간이 걸린다는 뜻이죠. 은하수 안에는 1000억~4000억 개의 별이 있어요.

×  ×  ×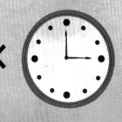

생명체가 살 수 있는 행성
항성에 속한 행성 중에서 생명체가 만들어지기에 적당한 곳이 얼마나 되는지 어림잡아요.

실제 생명체
그러한 조건을 갖춘 행성에서 실제로 생명체가 탄생할 확률을 계산해 봐요. 확실히 생명체가 있는 행성은 지구밖에 없어요!

지적인 생명체
탄생한 생명체가 우리처럼 지적인 생명체로 진화할 수 있는지 짐작해 봐요.

의사소통
우주로 메시지를 보내는 기술을 만들 정도로 똑똑한 외계인이 얼마나 될지 계산해요.

시간
마지막으로 외계 문명이 실제로 우주로 신호를 보내는 기간을 추측해요.

물의 세계

바다 세계

지구 표면의 70% 이상이 물로 덮여
있어요. 물은 대부분 바다에 있어요.

우주에서 생명체를 찾을 때 반드시 있어야 하는 것은 바로 물이에요! 물은 우리가 아는 모든 생명체에 꼭 필요해요. 외계인을 찾는 일에서 물의 역할을 이해하려면 지구의 역사를 조금 알아야 해요. 우리의 고향 지구는 어떻게 뜨거운 돌덩어리에서 오늘날 우리가 알고 사랑하는 푸른 별로 변했을까요? 45억 년 전으로 한번 되돌아가 볼까요?

소행성의 배달

우리는 아직도 지구에 있는 모든 물이 어디서 왔는지 알아내려고 노력하고 있어요. 과학자들 대부분은 아주 오래전, 태양계가 만들어지는 동안에 지구로 배달되었다고 생각해요.

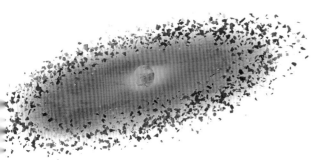

원시 행성계 원반
태양계는 어린 태양 주위를 둘러싼 거대한 원반 모양의 뜨거운 가스와 먼지에서 시작되었어요. 천천히 입자가 서로 뭉쳐지면서 오늘날 행성의 초기 형태인 '미행성'을 이루기 시작했어요.

소행성
초기의 지구에는 소행성이 마구 쏟아졌어요. 그중 하나는 너무 강해서 달을 만들기도 했죠! 많은 과학자는 이들 소행성에서 언젠가 우리 바다를 채울 물이 왔다고 생각해요.

화산 활동
과학자들은 화산도 지구에 바다가 생기는 데 힘을 보탰다고 생각해요. 화산이 내뿜는 가스와 수증기가 지구 표면이 식으면서 액체로 변했거든요.

골디락스 존

액체 상태의 물은 특정 상태에서만 존재할 수 있어요. 물은 너무 뜨거우면 기체로 증발하고, 너무 차가우면 꽁꽁 얼어요. 과학자들은 늘 먼저 태양계에서 '생명체가 거주할 수 있는 영역', 즉 '골디락스 존'에서 외계 생명체를 찾아요. 이곳 온도는 물이 액체 상태로 존재하기에 딱 알맞아요. 골디락스라는 말은 동화 《골디락스와 곰 세 마리》에서 너무 뜨겁거나 너무 차가운 죽을 싫어한 주인공 골디락스의 이름에서 따왔어요.

골디락스 존

단세포 생물

세포는 생명체를 이루는 구성 요소예요. 여러분은 수조 개의 세포로 이뤄져 있어요! 가장 작은 형태의 생명체는 단 하나의 세포로 이뤄져 있죠. 이런 생명체를 '단세포 생물'이라고 불러요. 단세포 유기체는 지구에 등장한 최초의 생명체였어요.

식물계

식물

식물은 수많은 세포로 이뤄져 있어요. 40만 종이 넘는 식물이 지구를 덮고 있죠! 식물은 생태계에서 매우 중요한 역할을 맡고 있어요. 산소를 제공하고 다양한 동물에게 먹이와 집을 마련해 주고 있거든요.

척추동물

동물은 척추동물과 무척추동물로 크게 나눌 수 있어요. 척추동물은 등뼈와 내골격이 있어요. 어류, 조류, 파충류, 양서류, 포유류가 척추동물에 포함되죠. 최초의 척추동물은 5억 년 전에 발생했어요. 어떤 척추동물은 지적인 존재로 진화했어요. 맞아요, 바로 사람이에요!

생명의 기원

동물계

지구에서 생명체가 처음에 어떻게 진화했는지를 알면 외계인을 찾을 때 무엇을 살펴봐야 하는지에 대한 실마리를 얻을 수 있어요. 생물학자들은 38억 년 전에 유기물이 수프처럼 진하게 고인 지구 바다에서 단순한 생명체가 최초로 만들어졌다고 생각해요. 이 유기체는 햇빛을 받아 '광합성'을 통해 산소를 만들어 냈죠. 덕분에 지구에는 점차 산소 수치가 증가하면서 더 복잡한 생명체가 발달할 수 있었어요. 이 계통수(생물 진화 가계도)는 지구에 있는 모든 생명체가 어떻게 연결되어 있는지를 보여 줍니다.

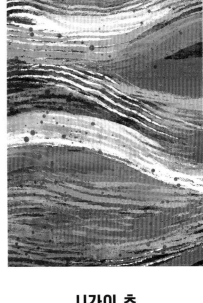

무척추동물

무척추동물은 등뼈와 내골격이 없어요. 지구에는 척추동물보다 무척추동물이 더 많아요. 무척추동물 대부분은 곤충이에요! 어떤 무척추동물은 몸 바깥을 덮는 외골격(겉뼈대)이 있어요. 외골격은 게딱지처럼 단단하거나 해파리처럼 말랑말랑하기도 해요. 최초의 무척추동물은 10억 년~6억 5천만 년 전쯤에 나타났어요.

시간의 층

화석을 연구하면 지구 생명체의 역사를 더 많이 알 수 있어요. 죽은 유기체 위에 퇴적물이 층층이 쌓이고, 시간이 지나면서 퇴적물이 다져지고 굳어져 암석이 됩니다. 과학자들은 지층의 위치에 따라 화석의 연대를 측정하고 생명체가 어떻게 진화했는지를 이해할 수 있어요.

UFO 목격

'미확인 비행 물체(UFO)'는 정체를 확인할 수 없는, 하늘을 떠다니는 모든 비행체에 사용하는 말이에요. 인간은 기원전 240년부터 UFO 목격을 기록으로 남겼어요. 그 당시 고대 중국의 천문학자는 혜성이 지나간 것을 발견했죠! UFO를 외계인이 탄 비행 물체로 여기기도 하지만, UFO는 뭐든 될 수 있어요. 멀리서 둥둥 떠다니는 생일파티 풍선에서부터 우주로 발사된 로켓에 이르기까지 다 UFO가 되죠.

흐릿한 사진

안타깝게도 UFO가 언제 지나갈지는 예측하기가 어려워요! 그래서 UFO를 찍은 많은 사진은 너무 흐리거나 알아보기가 힘들어요. 이런 의심스러운 증거 때문에 사진이 가짜라고 여겨지기도 해요.

납치

날아다니는 비행접시가 한밤중에 불쑥
나타나서 사람에서부터 소까지 살아
있는 생명체를 납치한다는 말은 UFO에
대해 흔히 잘못 알려진 이야기예요! 이런
일이 일어났다는 증거는 하나도 없어요.
하지만 이런 이야기가 좋은 영화를
만들죠!

음모론

UFO를 목격하는 일이 점점 많아질수록 사람들은 이상한 현상 뒤에 뭔가 숨겨져 있다며 각자 이론을 내놓았어요. 많은 사람이 여러 정부가 외계 방문자에 관한 정보를 갖고 있으며 외계인과 끊임없이 소통하고 있다고 믿어요. 이런 음모론을 믿기 전에 모든 증거를 확인해 보는 것이 중요해요. 대부분의 UFO 목격에는 외계인과 관련이 없는 그럴만한 이유가 있어요!

주요 뉴스
지역 신문은 공군이 여러 번 말을 바꾼 이야기를 모두 보도했어요. 대중이 그 소문을 제대로 이해하지 못해서 음모론은 오늘날까지 계속되고 있어요.

로즈웰 사건

가장 유명한 UFO 음모론은 1947년 미국의 뉴멕시코주에서 일어난 로즈웰 사건이에요. 한 목장 주인이 목장에서 발견한 이상한 잔해가 UFO에서 나왔다고 생각했어요. 그가 조사를 위해 부른 보안관이 그 일을 미 공군에 보고했어요. 미 공군은 처음에 비행접시를 발견했다고 주장했다가 나중에 기상 관측 기구에서 떨어져 나온 파편이라고 발표했죠. 결국, 그 잔해는 극비로 실험 중인 프로그램의 스파이 장비라는 사실이 드러났어요! 대중이 모든 상황을 의심하게 되었어도 당연했죠.

51구역

51구역은 미국 네바다주에 있는 군사 비밀 공군 기지입니다. 군사 기지라는 비밀스러운 특성 때문에 많은 음모론이 생겨났어요. 어떤 사람들은 UFO와 외계인이 사람들 눈에 띄지 못하게 하려고 그곳에서 막고 있다고 생각했어요. 다른 사람들은 하늘에서 이상한 물체를 봤다고 알렸고, 퇴역 군인은 51구역 안에서 외계 기술을 봤다고 주장하기도 했어요! 모든 소문에도, 우리는 외계인이 있다는 제대로 된 증거를 아직 보지 못했어요.

정말 무슨 일이 일어나고 있을까요?
51구역은 실제로 최신 비행기를 개발하고 실험하는 기지예요. 그러니까 하늘에서 이상한 물체가 보인 거죠!

보안
51구역 주변에는 무단 침입자에게 멀리 떨어지라고 하고, 사진을 찍지 말라고 경고하는 울타리가 둘러쳐져 있어요.

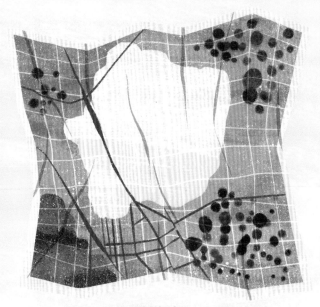

텅 빈 지도
미국 정부가 2013년에 51구역의 존재를 공개적으로 인정하기 전까지, 사람들은 거기가 어떤 곳인지 정확히 알지 못했어요.

작은 녹색 인간

전형적인 외계인

예전에는 외계인이라 하면 머리,
목, 몸통, 두 팔, 두 다리가 있다고
생각했어요. 잠깐, 뭔가 여러분과
비슷하지 않나요? 인간의 몸을 묘사하고
있네요! 그런데 사실 외계인은 어떤
모습이든 가능해요. 우리 인간은
지구에서 살아가기 알맞게 진화했기에
우리처럼 생겼다고 보는 거예요. 외계
행성에서의 삶은 완전히 다를 수
있어요!

"수성에서 온 작은
녹색 인간 13명이
방문하려고
우주선에서 내렸다."

<코퍼스 크리스티 타임스> 신문,
1938년 11월 1일

누군가 여러분에게 '외계인'을 말하면, 머릿속에 먼저 떠오르는 이미지는 아마도 짙은 검정 구슬로 된 눈이 달린 녹색 생명체일 거예요. 맞나요? 이런 이미지의 외계인은 20세기 초부터 널리 알려졌어요. '작은 녹색 인간'이란 말은 1938년에 미국 텍사스주의 〈코퍼스 크리스티 타임스〉 신문에서 처음으로 나왔어요. 이 신문은 《우주 전쟁(The War of the Worlds)》이란 책을 핼러윈에 라디오로 방송한 뒤에 일어난 대혼란을 자세히 설명했어요. 이 책은 외계인의 침략에 관한 내용이었어요. 안타깝게도 청취자 중 일부는 그 이야기가 진짜라고 생각했어요!

어디에나 있는 녹색 인간

초기 외계인 영화와 만화에는 작은 녹색 인간이 잔뜩 나왔어요. 시간이 지남에 따라 그 이미지가 변화면서 최근의 외계인 묘사는 훨씬 더 다양해졌죠. 오늘날에는 작은 녹색 인간이라고 생각했다는 것을 우습게 여길지도 모르지만, 여전히 그 이미지의 중요성과 영향을 볼 수 있어요. 영화 〈스타워즈〉에 나오는 요다를 보면요!

TV 쇼
우연히 60년대와 70년대 텔레비전 쇼를 보다가, 작은 녹색 인간이 불쑥 나오는 프로그램을 볼 수도 있어요. 오늘날에도 '작은 녹색 인간'이란 표현은 외계인과 연관이 있어요.

만화
20세기 초반의 만화에는 지구에 오는 작은 녹색 인간이 잔뜩 나왔어요. 그 시대 아이들은 외계인이 모두 녹색이라고 생각했어요.

지옥 같은 세계

금성은 한때 지구와 비슷했어요. 표면에 바다가 흩어져 있었죠. 과거에 외계 생명체가 존재했을 가능성이 있어요. 아마도 작은 유기체가 금성의 바다에서 살지 않았을까요? 하지만 금성은 지구보다 태양에 훨씬 더 가까워요. 태양계가 만들어졌을 무렵 태양은 더 밝고 더 뜨거웠어요. 한때 습했던 금성은 이제 뜨겁고, 건조하며, 사람이 살기 어려운 돌덩어리가 되어 버렸어요.

갇힌 열

금성은 어떻게 표면 온도가 섭씨 450도를 넘을 정도로 태양계에서 가장 뜨거운 행성이 되었을까요? 태양에서 오는 복사열이 대기 안에 갇혀서 온도가 상승하고 금성의 바다가 증발했기 때문이에요. 이 현상을 '탈주 온실 효과'라고 불러요.

앞으로의 임무

금성에 착륙한 몇 안 되는 탐사선들은 열악한 환경 때문에 짧은 시간 동안만 겨우 견뎠어요. 그런데도 과학자들은 금성의 역사와 외계 생명체에 관해 더 많이 알고 싶어 해요.

베리타스

베리타스가 맡은 일은 금성의 표면을 지도로 만드는 거예요. 금성에 있는 많은 화산과 금성 지진이라고 알려진 지진을 분석할 거예요!

인비전

인비전은 생명체가 존재했었는지를 알아내려고 금성의 암석을 살펴볼 거예요.

금성의 구름

과학자들은 금성의 표면에서 생명체의 흔적을 찾지 않아요. 표면에서는 아주 높은 온도와 압력 때문에 생명체가 생존할 가능성이 거의 없거든요. 하지만 위에 있는 구름은 이야기가 달라요. 금성의 두꺼운 대기 안에는 외계인이 숨기에 더 좋은 환경이 존재하니까요. 금성의 구름은 혹독한 조건을 견딜 수 있는 작고 강한 유기체인 극한 생물이 사는 곳일지도 모르죠.

다빈치 플러스

미국 항공 우주국(NASA)은 금성에서 '포스핀(기상 인화수소)'이 발견될 수 있으니까, 금성을 조사하려고 다빈치 플러스를 보내기로 했어요. 다빈치 플러스는 금성의 대기를 측정하는 로봇 탐사선이에요.

획기적인 발견?

2020년 9월, 과학자들은 포스핀이라는 기체를 많이 발견하자 금성의 구름에서 생명체의 흔적을 찾았다고 생각했어요. 과학자들은 매우 들떴죠. 지구에서 포스핀은 살아 있는 생명체만이 그 정도의 양을 만들었거든요. 정말 획기적인 발견이었어요! 말하자면, 계산이 잘못되었다는 것이 밝혀지기 전까지만요. 다시 살펴보니 포스핀의 흔적은 발견되지 않았거든요!

구름 도시

미래의 어느 날 금성의 구름 속에 도시를 지으면 과학자들이 금성의 대기를 연구하는 데 도움이 될 수 있어요. 공기보다 가벼운 가스의 부력을 이용해 뜨는 에어로스탯은 대기 중에 높이 뜰 수 있고, 구름이 우주 방사능으로부터 인간을 지켜 줄 테니까요.

화성의 역사

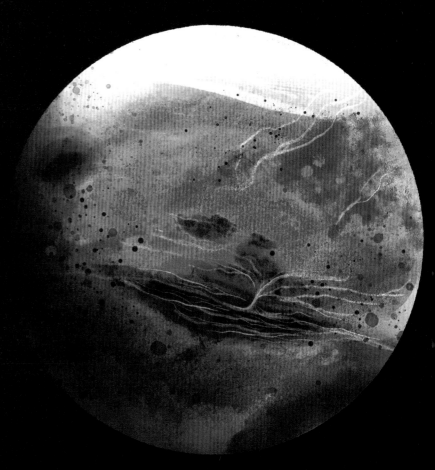

화성은 로마 신화에 나오는 전쟁의 신 이름을 따 '마르스'라 불러요. 화성은 태양계에 있는 행성 중에서 태양으로부터 네 번째에 있고, 지구와 같은 시기에 만들어졌어요. 비록 크기는 지구의 반만 하고, 중력은 3분의 1밖에 되지 않지만요(즉 화성에서는 아주 높이 펄쩍 뛸 수 있어요!). 두 행성은 다른 점도 많지만, 비슷한 점도 있어요. 예를 들어 '솔(Sol)'이라고 부르는 화성의 하루는 지구의 하루와 길이가 거의 같아요. 화성도 역사적으로 어느 시기에 외계 생명체가 지낼 만한 바다가 흘렀다는 점도 지구와 비슷해요.

오늘날의 화성

붉은 행성에 더는 강물이 넘쳐흐르지 않아요. 대신에 화성은 건조하고 먼지가 많으며, 표면을 덮은 녹 때문에 붉은색을 띠고 있어요. 화성에는 태양계에서 가장 높은 화산인 올림푸스몬스 화산과 가장 깊은 협곡인 마리너 계곡이 있어요. 화성의 대기층은 지구 대기층 두께의 1%도 못 미칠 정도로 아주 얇아요. 화성은 겉으로 보기에 생명체가 하나도 없는 거칠고 메마른 바윗덩어리 같지 않나요?

화성의 위성

화성에는 주위를 도는 위성이 두 개 있어요. 위성은 아레스의 쌍둥이 아들의 이름을 따서 '포보스'와 '데이모스'라고 해요. 아레스는 그리스 신화에 나오는 전쟁의 신이에요. 모양이 고르지 않은 두 바윗덩어리 위성이 어떻게 생겨났는지는 알려지지 않았어요. 두 위성이 한때 화성에 떨어진 소행성이었다는 의견도 있고, 뭔가가 화성에 충돌한 뒤에 생겨났다는 의견도 있어요.

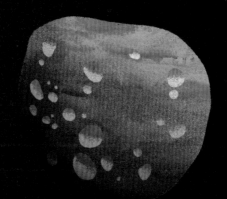

포보스
포보스는 100년마다 화성에 조금씩 가까워지고 있어요. 언젠가는 화성과 꽝하고 엄청나게 부딪힐지도 몰라요!

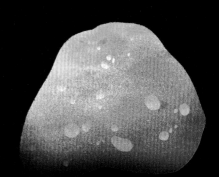

데이모스
데이모스는 크기가 포보스의 반만 하고, 화성에서 더 멀리 떨어져 있어요.

젖은 표면

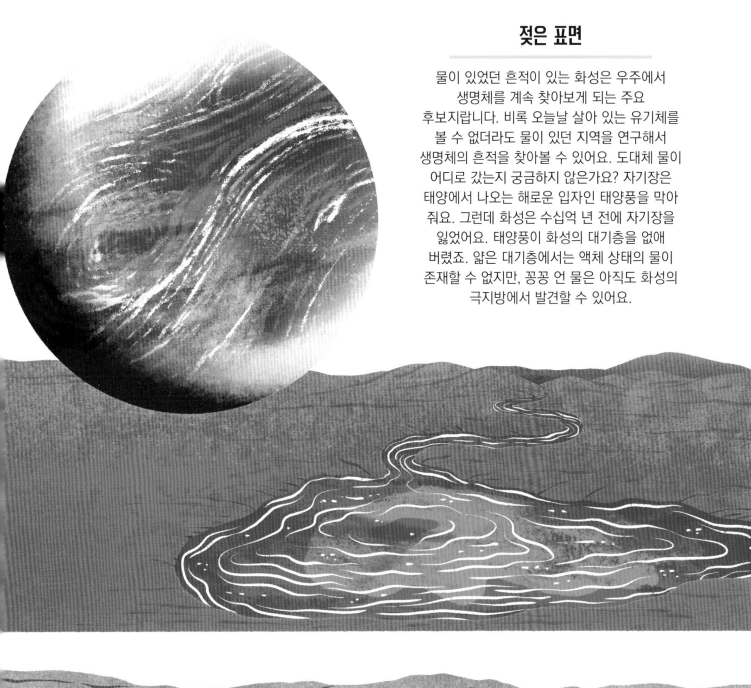

물이 있었던 흔적이 있는 화성은 우주에서 생명체를 계속 찾아보게 되는 주요 후보지랍니다. 비록 오늘날 살아 있는 유기체를 볼 수 없더라도 물이 있던 지역을 연구해서 생명체의 흔적을 찾아볼 수 있어요. 도대체 물이 어디로 갔는지 궁금하지 않은가요? 자기장은 태양에서 나오는 해로운 입자인 태양풍을 막아 줘요. 그런데 화성은 수십억 년 전에 자기장을 잃었어요. 태양풍이 화성의 대기층을 없애 버렸죠. 얇은 대기층에서는 액체 상태의 물이 존재할 수 없지만, 꽁꽁 언 물은 아직도 화성의 극지방에서 발견할 수 있어요.

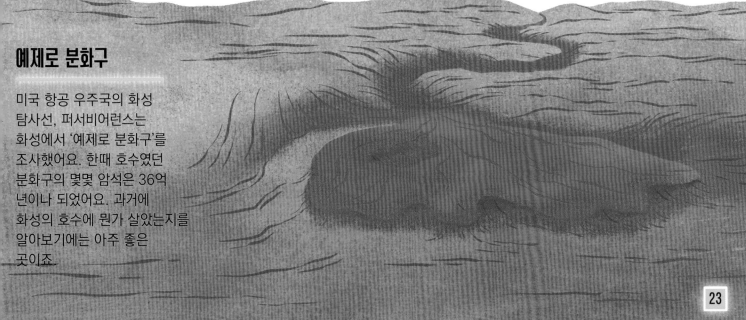

예제로 분화구

미국 항공 우주국의 화성 탐사선, 퍼서비어런스는 화성에서 '예제로 분화구'를 조사했어요. 한때 호수였던 분화구의 몇몇 암석은 36억 년이나 되었어요. 과거에 화성의 호수에 뭔가 살았는지를 알아보기에는 아주 좋은 곳이죠.

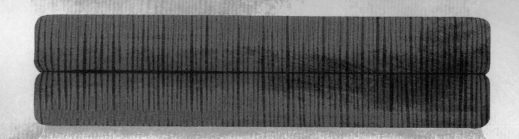

안에는 뭐가 있을까요?

과학자들이 항아리 안을 화성처럼 만들려면 많은
물질이 필요해요. 먼저 화성의 얇은 대기층 대부분을
이루는 이산화탄소와 질소 가스가 필요해요.
그다음에는 화성의 흙을 재현해야 하죠. 마지막으로
실험 대상자가 될 작은 미생물을 넣어요. 과학자들은
미생물이 환경에 어떻게 반응하는지를 연구하면서
어떤 생명체가 화성에서 살아남을 수 있는지 알게 될
거예요.

화성 항아리

첫 우주 생물학 실험은 '화성 항아리'였어요. 과학자들은 간단한 용기를
화성처럼 환경을 만든 뒤 지구의 작은 유기체(미생물)가 그 속에서 어떻게
상호 작용하는지를 실험했어요. 이 항아리는 식물을 키우는 테라리엄과 약간
비슷해요. 오늘날 화성 항아리는 과학자들이 화성과 같은 조건을 만들 수 있는
커다란 실험실로 발전했어요. 필요하면 온도나 공기의 상태를 조정할 수도
있어요. 그 덕분에 화성의 생명체에 관해서 더 자세한 실험도 할 수 있죠.

1950년대 실험
최초의 화성 항아리는 1953년
한 교수의 집 부엌에서
발명되었어요. 그 이후에
더 많은 화성 항아리가
실험실에서 나왔어요.

바이킹 습격

바이킹 프로그램은 미국 항공 우주국의 탐사선이 최초로 화성 착륙에 성공한 시도였어요. 미국 항공 우주국은 화성에서 '생명체 흔적(biosignature)'으로 알려진 가스를 찾고 있었어요. 우주 생물학 분야에서 역사적인 순간이었죠! 1975년에 발사해서 1976년에 화성에 착륙한 두 바이킹호는 사진을 찍으며 실험할 수 있었어요.

궤도선과 착륙선

바이킹호는 두 부분으로 나뉘었어요. 행성 주위를 도는 궤도선과 화성 표면으로 가는 착륙선으로 이뤄졌죠. 궤도선은 사진을 찍고 착륙선이 어디에 착륙할지를 결정하는 중요한 역할을 해요.

낙하산으로 내리기

착륙선은 표면에 거의 다 왔을 때 속도를 늦추려고 낙하산을 짝 펼쳐요. 우주선은 화성 표면에 내려올 때 하나도 망가지지 않고 멀쩡해야 하니까요!

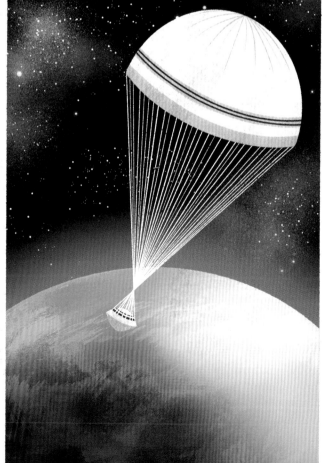

표면에서

바이킹 1호 착륙선은 최초로 화성 표면의 사진을 찍어서 우주 탐험 역사에 길이 남을 순간을 남겼어요. 그다음에 토양을 조사해서 화성의 생물학을 연구했어요. 이런 실험이 생명체의 존재를 알려 주길 바랐지만, 결과는 그렇지 않았어요.

엔진 발사

마지막 단계에서 착륙선은 낙하산을 분리해요. 속도를 더 줄이려면 우주선의 속도를 늦추는 작은 엔진 세 개를 발사해요.

화성인
찾기

퍼서비어런스 탐사선

미국 항공 우주국의 퍼서비어런스
탐사선은 2021년 화성에 착륙했어요.
임무가 뭘까요? 고대 생명체의 흔적을
찾고 암석 샘플을 보관했다가 지구에
있는 과학자에게 보내는 거였어요.
현재 퍼서비어런스는 한때 호수이자
하성 삼각주였던 예제로 분화구에 자리
잡고 있어요.

1 슈퍼캠
이 기기는 화성의 암석에
레이저를 쏘아 암석이
무엇으로 만들어졌는지
연구해요.

2 마스트캠-Z
마스트캠-Z는
퍼서비어런스의 중요한
눈이 되어 고화질의 3D
영상을 찍을 수 있어요.

3 메다
이 기상 관측소는 풍속,
풍향, 습도, 온도와
기압을 측정해요.

4 림팩스
이 레이더는 화성 지하를
탐색하며, 화성에 온 첫
번째 물질을 살펴봐요!

헬리콥터 조수

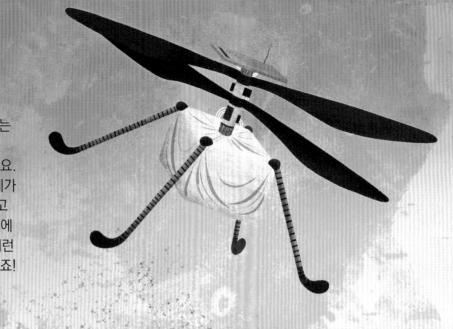

인저뉴어티 헬리콥터는 퍼서비어런스와 함께
일하는 짝꿍이에요. 인저뉴어티는 화성으로 가는
동안에 탐사선 가운데 부분에 숨겨져 있다가,
화성에 착륙한 지 두 달 만에 처음으로 비행했어요.
인저뉴어티는 다른 행성에서 인간이 만든 비행체가
어떻게 작동하는지 기술자들이 이해하도록 돕고
있어요. 화성은 지구보다 대기가 희박하여 공중에
뜨려면 헬리콥터가 매우 가볍고 강해야 해요. 이런
기술을 알면 미래의 과학 임무를 위한 길이 열리죠!

화성 탐험에는 붉은 행성에 관한 정보를 지구로 보내는 로봇인 탐사선을
이용하는 방법이 있어요. 이 탐사선은 인간이 아직 발을 디딜 수
없는 열악한 장소에서 일도 하고 필요한 실험도 할 수 있어요. 수많은
탐사 임무가 있었고, 앞으로도 많은 일이 맡겨질 거예요. 탐사 로봇이
화성에서의 일을 도맡고 있죠! 예전에는 화성이 왜 메마르고 생명체가
없어 보이는지 알아내려고 했어요. 오늘날의 화성 탐사선은 과거에 살았던
생명체의 흔적을 찾고 있어요.

5 목시
이 도구는 화성에서
로켓 연료와 숨 쉬는
데 필요한 산소를
생산하도록 도와줘요.

6 셜록과 왓슨
두 기구는 함께 작동해서
화성의 암석 속에서
생명체의 흔적을 찾아요.

7 픽슬
이 기구는 엑스레이를
이용해서 암석을
살펴봐요. 모래알처럼 작은
물질도 볼 수 있어요!

8 탐사선 바퀴
퍼서비어런스에는 모터가
각각 달린 튼튼한 티타늄
바퀴가 6개 있어요.

인류의 화성 착륙

인류의 화성 탐사가 공상 과학 영화에서나 나올 법한 이야기처럼 들릴지도 모르지만, 오늘날 과학자와 기술자들은 현실로 만들려고 노력하고 있어요. 현재 붉은 행성에 거주하는 로봇은 화성의 역사에 관해 더 많이 알아내는 굉장한 일을 하고 있어요. 하지만 사실, 인간이 화성에 있을 수 있다면 화성의 생명체를 더 빠른 속도로 찾을 거예요! 현재 목표는 2030년대에 최초의 유인 우주 탐사선이 화성에 착륙하는 거죠.

화성 여행은 화성에 가는 것만이 목표가 아니에요! 우리는 우주비행사가 안전하게 집으로 돌아올 수 있는 로켓을 만들어야 해요.

힘든 하루의 일

화성 여행은 휴가로 멋진 곳을 놀러 가는 여행이 아니에요. 우주비행사는 매일 어려운 실험을 해야 해요. 지구에 있는 과학계 모두가 그 결과를 기다리고 있으니까요!

로봇처럼 우주비행사도 화성의 암석 속을 들여다보려고 애쓸 거예요.

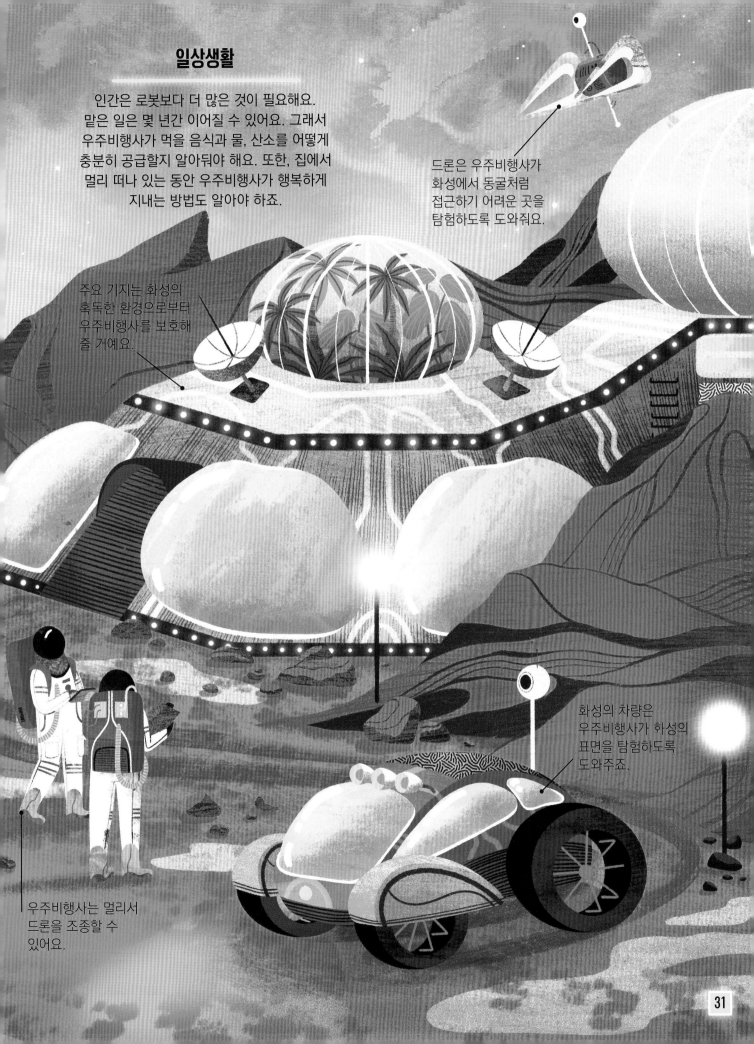

일상생활

인간은 로봇보다 더 많은 것이 필요해요.
맡은 일은 몇 년간 이어질 수 있어요. 그래서
우주비행사가 먹을 음식과 물, 산소를 어떻게
충분히 공급할지 알아둬야 해요. 또한, 집에서
멀리 떠나 있는 동안 우주비행사가 행복하게
지내는 방법도 알아야 하죠.

드론은 우주비행사가
화성에서 동굴처럼
접근하기 어려운 곳을
탐험하도록 도와줘요.

주요 기지는 화성의
혹독한 환경으로부터
우주비행사를 보호해
줄 거예요.

화성의 차량은
우주비행사가 화성의
표면을 탐험하도록
도와주죠.

우주비행사는 멀리서
드론을 조종할 수
있어요.

31

케레스

소행성대 깊은 곳에 왜행성 케레스가 있어요. 케레스는 지구 다음으로 태양계에서 물을 가장 많이 갖고 있어요. 그래서 과학자들이 케레스의 땅속 깊은 곳에 바다가 있는지 궁금해하죠. 외계 생명체가 케레스에서 살 수 있을까요?

왜행성

과학자들은 1801년에 케레스를 발견했을 때 행성으로 분류했어요. 케레스는 한 50년간 행성으로 있다가, 소행성으로 다시 분류되었어요. 2006년에 과학자들은 다시 마음을 바꿔 케레스의 크기가 커서 '왜행성'으로 정했어요!

소행성대

소행성대는 화성과 목성의
궤도 사이에 있어요.
소행성대는 물을 많이
갖고 있는 많은 소행성의
고향이에요. 아주 오래전에
이런 암석 조각이 지구에 물을
가져왔을지도 몰라요. 거기서
생명체가 시작되었을 수 있죠.
이는 우리가 어떻게 존재하게
되었는지를 아는 데 소행성대
연구가 중요하다는 뜻이에요.

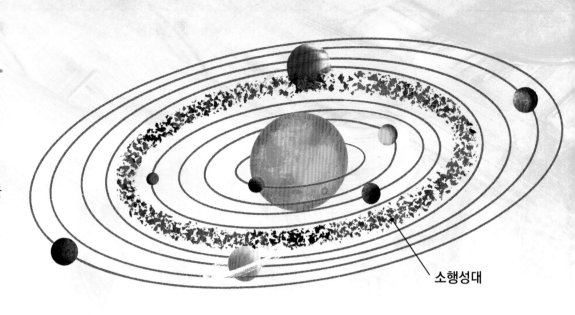

소행성대

케레스로 가는 임무

2015년, 미국 항공 우주국의 '돈(Dawn)' 탐사선은
케레스에 간 최초의 우주선이 되었어요. 돈 탐사선은
케레스에서 수증기로 이뤄진 얇은 대기층을
발견했어요. 과학자들은 얼음으로 덮인 화산에서 터져
나온 물과 표면의 얼음으로 이런 대기가 만들어졌다고
생각했어요. 돈은 케레스 주위를 도는 동안에 어떤
생명체의 흔적도 발견하지 못했어요.

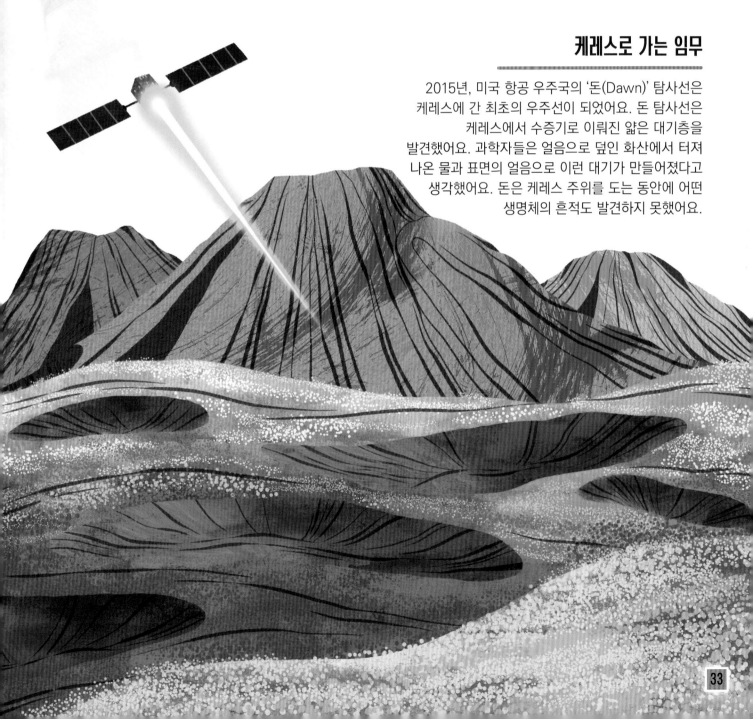

유로파 클리퍼

유로파 클리퍼의 임무는 위성의 땅속에 바다가 있을
가능성과 그곳에 외계 생명체가 살 수 있는지에 관한 답을
찾는 거예요. 탐사선에는 따로따로 분리되는 기구가 9개
갖춰져 있어요. 과학자들은 유로파 표면에서 뿜어나오는
물기둥을 보고, 얼음층의 가장 윗부분이 얼마나
두꺼운지도 알고 싶어 해요. 지각을 뚫고 들어가 짠 바다
밑바닥을 탐험하기도 바라죠.

유로파의 얼어붙은 세계

우리는 생명체를 줄곧 찾다가 가스로 이뤄진 커다란 행성인 거대 기체 행성에 도착했어요. 처음에 도착한 곳은 태양계에서 가장 큰 행성인 목성이에요. 3.5일마다 목성 주위를 돌고 있는 위성은 '유로파'예요. 유로파는 언뜻 긁힌 자국이 있는 얼음덩어리처럼 보이지만, 단단한 표면 아래에 뭔가를 숨기고 있을지도 몰라요.

유로파는 커다란 행성 목성의 강한 중력에 끊임없이 영향을 받아요. 유로파는 목성에 가까워지면 완전히 작게 찌그러졌다가 다시 멀어지면 원래 크기로 돌아오죠. 이런 변화 탓에 위성 안에서 열이 발생해요. 이 열기로 얼음이 녹아요. 따라서 얼음으로 덮인 유로파 표면 밑에 액체 상태의 바다가 숨겨져 있을지도 모른다는 뜻이죠!

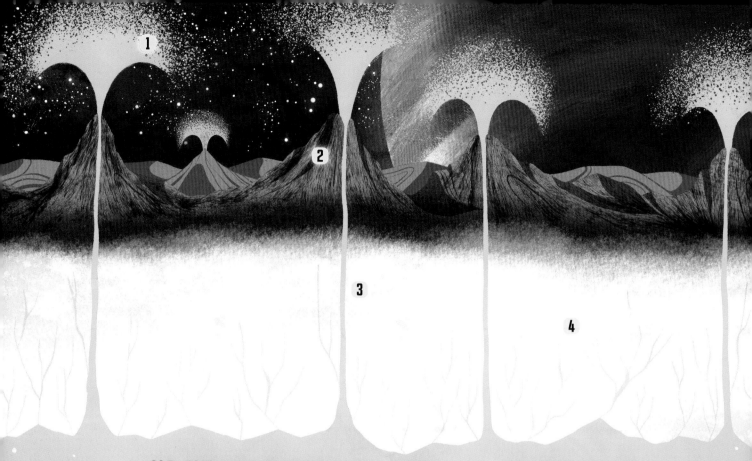

얼음 밑에는 무엇이 있을까요?

과학자들은 유로파의 바다에 지구의 바다보다
두 배나 많은 물이 들어 있기를 기대해요!
실제로 바다에 뭐가 있는지 알려지지
않았는데도, 과학자들은 바위투성이 해저가
있는 깊은 바다일 거라고 예상해요. 가장 큰
바람은 하나의 작은 생명체를 발견하는 거예요.
단 하나의 미생물이라도 '우주에는 우리만
있을까요?'란 오랜 질문에 충분한 답이 될 수
있거든요.

1 물기둥
허블 우주 망원경은 유로파에서 물이
분출되는 간헐천을 발견했어요. 만일 물이
있다면, 얼음으로 덮인 표면을 파지 않고도
위성의 바다를 연구할 수 있어요.

2 얼음에 뒤덮인 화산
유로파의 화산은 뜨거운 용암을 내뿜지 않아요.
대신에 하늘로 수증기를 쏘아 올릴지도 몰라요.
이런 화산을 '얼음 화산'이라고 불러요.

3 좁은 통로
얼음으로 덮인 표면은 그 밑의 압력으로
인해 틈이 벌어져요. 그렇게 생긴 좁은
틈으로 물이 표면까지 이동할 수 있어요.

4 두꺼운 얼음 껍질
지각층은 두께가 15~25킬로미터
정도로 추정돼요. 에베레스트산
높이의 거의 2~3배에 달하는
두께죠!

5 아주 깊은 바다
유로파의 바다는 지구에서 가장
깊은 바닷속보다 약 10배나 더
깊다고 생각돼요.

열수 분출공

유로파에는 생명체가 존재하는 데 가장 중요한 두 가지, 물과 유기 화학 물질이 있다고 봐요. 마지막으로 필요한 것은 유기체가 먹을 수 있는 에너지원이에요. 물속에 있는 화산인 '열수 분출공'은 에너지원을 공급할 수 있어요. 이런 구조에서는 영양분이 풍부한 물줄기와 열이 뿜어져 나와요. 우리는 지구에 있는 생명체가 이런 환경에서 잘 자라는 것을 봤어요. 따라서 과학자들은 유로파에서도 비슷한 것을 보기를 바라고 있답니다!

외계 생명체

과학자들은 유로파의 바다에 사는 외계인이 작은 미생물일 거로 예상하지만, 더 복잡한 생명체로 진화했을지도 몰라요. 이런 외계인은 어둠 속에서 스스로 빛을 내는 발광 생물체일 수 있어요. 또는 돌고래처럼 소리를 이용해서 주위에서 길을 찾을 수도 있죠. 이런 가능성은 끝이 없어요. 유로파의 생명체는 우리가 상상하는 것과는 완전히 다를 수 있어요!

타이탄의 신비

타이탄은 고리가 있는 커다란 기체 행성인 토성의 위성이에요. 타이탄은 우리 우주에 있는 어떤 것과도 같지 않아요. 타이탄은 지구처럼 대부분 질소 기체로 이뤄진 황금빛 대기가 실제로 있다고 알려진 유일한 위성이에요. 행성학자들은 타이탄이 표면 밑에 바닷물을 숨기고 있다고 믿어요(이 주제가 흔하다는 사실을 눈치챘나요?). 타이탄이 태양계에서 지구 말고도 호수와 강과 바다가 있는 유일한 장소라는 것이 가장 흥미로운 점이죠.

특이한 호수

카시니-하위헌스 우주 탐사선은 타이탄 표면에서 다양한 액체를 발견했어요. 이들 호수와 바다는 물이 아니라 액체 상태의 메탄과 에탄으로 이뤄졌어요. 몇몇 가장 큰 바다는 깊이가 수백 미터에 달해서 외계 생물체가 바닷속에 있을 수도 있어요! 우리가 아는 모든 생명체는 물이 밑바탕을 이루지만, 타이탄에서 발견한 것은 이런 생각을 바꿀지도 몰라요.

비 오는 날

지난 임무에서는 타이탄에 지구와 비슷한 기상 현상이 있으며, 비까지 내린다는 사실을 발견했어요! 그런데 물이 아니라 액체 상태의 메탄이 하늘에서 뚝뚝 떨어져요. 어느 화창한 날에 아름다운 무지개가 타이탄에 나타날 수 있어요. 지구 말고 태양계에서 이런 일이 일어나는 곳은 타이탄밖에 없어요.

드래곤플라이
드래곤플라이는 2034년에 타이탄에 도착해서 위성 주위를 날아다니면서 다양한 표본을 채취할 예정인 드론이에요.

모래 언덕
타이탄은 사막이 펼쳐진 세계입니다. 바람이 만든 모래 언덕이 위성 한가운데인 적도에 놓여 있어요.

엔켈라두스로 가는 여행

엔켈라두스는 얼핏 보기에 아무것도 없어 보이는 작은 위성이에요. 토성 주위를 도는 엔켈라두스는 다른 천체처럼 분화구와 길게 갈라진 틈이 잔뜩 있어요. 하지만 더 깊이 파고들기 시작하면 얼음으로 덮인 위성이 태양계에서 생명체를 찾기에 굉장히 좋은 곳이란 것을 깨닫게 되죠. 2005년에 카시니호는 엔켈라두스 위성에 잠깐 들렀을 때 화산에서 액체와 얼음이 분출되는 모습을 봤어요. 카시니호는 얼음으로 덮인 화산 기둥으로 날아가서 생명체에 꼭 필요한 구성 요소인 수많은 생체 분자를 발견했어요. 결과적으로 엔켈라두스는 외계인을 찾는 사냥꾼들이 가장 좋아하는 곳이죠.

얼어붙은 위성
엔켈라두스는 꽁꽁 언 하얀 표면 때문에 햇빛의 약 90%를 반사해서 태양계에서 가장 밝은 물체입니다. 표면은 정말 너무나 추워요.

고리를 만드는 위성

토성의 가장 상징적인 특징은 얼음과 돌덩어리로 이뤄진 어마어마한 고리예요. 엔켈라두스에 있는 얼음 화산은 토성의 고리인 E 고리를 만드는 물질을 뿜어내요. 우리가 E 고리를 연구하면 엔켈라두스에 있는 짠 바닷물에 대해 더 많이 알 수 있어요.

땅속 바다

과학자들은 유로파와 마찬가지로 엔켈라두스 안에 땅속 바다가 있다고 믿어요. 카시니호는 토성의 E 고리를 지나가는 동안에 '실리카(이산화규소)'라는 작은 입자를 발견했어요. 이 발견으로 과학자들은 엔켈라두스 해저 밑바닥에 열수 분출공이 있다고 믿게 되었어요. 열수 분출공은 외계 생명체가 살아가는 데 필요한 에너지를 공급할 수 있어요. 위성의 두꺼운 얼음층 때문에 햇빛이 바다에 닿지 못하므로 엔켈라두스의 외계인은 앞이 보이지 않을지도 몰라요.

마케마케
마케마케는 카이퍼
벨트에서 두 번째로
밝은 왜행성이에요.

에리스
에리스는 우리가 지금까지
발견한 것 중 가장 큰
왜행성이에요. 과학자들은
에리스의 크기가 커서
태양계의 열 번째
행성이라고 믿었어요.

해왕성 너머

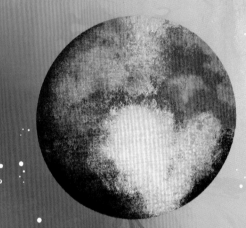

명왕성
명왕성은 카이퍼 벨트에서
가장 유명해요! 과학자들이
명왕성을 행성에서
왜행성으로 낮춘 뒤에
명왕성의 기가 팍 꺾였어요.

콰오아
과학자들은 어쩌면
얼음 화산으로 인해
얼어붙은 물을 콰오아
표면에서 발견했어요.

먼 이웃

도넛 모양의 카이퍼 벨트는 태양으로부터
약 30천문단위(AU)에서 시작해요.
1천문단위(AU)는 태양과 지구와의
평균 거리예요. 먼 곳에 있는 물체는
태양계가 만들어지고 나서 남은 것이라고
여겨져요. 행성학자들은 우리은하의
다른 별 주위에서 카이퍼 벨트와 비슷한
원반을 발견했어요.

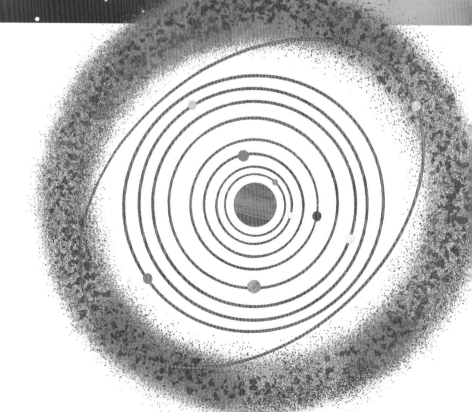

오르쿠스
오르쿠스는 '반스'라는 자체 위성을 가진 해왕성 바깥 천체입니다.

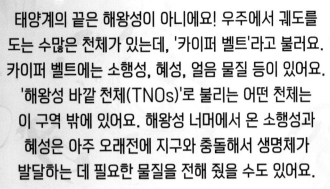

태양계의 끝은 해왕성이 아니에요! 우주에서 궤도를 도는 수많은 천체가 있는데, '카이퍼 벨트'라고 불러요. 카이퍼 벨트에는 소행성, 혜성, 얼음 물질 등이 있어요. '해왕성 바깥 천체(TNOs)'로 불리는 어떤 천체는 이 구역 밖에 있어요. 해왕성 너머에서 온 소행성과 혜성은 아주 오래전에 지구와 충돌해서 생명체가 발달하는 데 필요한 물질을 전해 줬을 수도 있어요.

하우메아
이 왜행성은 축을 중심으로 매우 빠르게 회전하면서 타원형 모양으로 늘어나게 되었어요!

세드나
세드나는 멀리 떨어져 있어서 태양을 한 바퀴 다 도는 데 11400년이 걸려요!

뉴허라이즌스호

뉴허라이즌스호는 명왕성과 카이퍼 벨트의 다른 물체를 연구하려고 보낸 최초의 우주선이었어요. 2006년에 발사한 뉴허라이즌스호는 거의 10년이 지나서 명왕성에 도착했어요. 뉴허라이즌스호는 명왕성에 관한 획기적인 정보를 제공했죠. 그중에는 (또 하나의!) 외계 생명체가 살 만한 땅속 바다의 가능성도 있었어요. 이제 뉴허라이즌스호는 이전에 한 번도 보지 못한 먼 곳의 물체를 연구하면서 카이퍼 벨트로 더 깊숙이 들어가고 있어요.

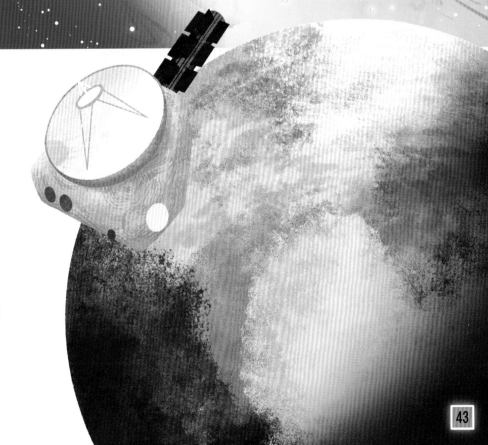

아레시보 메시지

1974년에 과학자들은 외계인과 접촉을 시도해 봐야 할 때라고 결정했어요. 과학자들은 신중하게 '아레시보 메시지'란 것을 만들어서 우주로 내보냈어요. 외계인이 들을지도 모르는 메시지에는 지구에 있는 생명체에 관한 정보가 담겨 있었어요. 우리는 아직 답변을 듣지 못했어요!

접시형 망원경

아레시보 망원경은 푸에르토리코의 싱크홀에 놓여 있어요. 아레시보 망원경은 세계에서 가장 큰 전파 망원경으로 수년간 천문학적인 발견에 많은 도움을 줬어요. 수십 년간 쓰인 뒤에 아레시보 망원경은 2020년에 무너졌어요.

목적지

아레시보 메시지는 2만 2천 광년 이상 떨어진 헤라클레스 별자리에 있는 성단(별 무리)으로 보내졌어요. 메시지는 빛의 속도로 이동하고 있어요. 메시지가 성단에 도착하는 데 약 2만 2천 년이 걸린다는 뜻이에요!

메시지

메시지는 프랭크 드레이크와 칼 세이건 등의 유명한 천체물리학자가 만들었어요. 전파 신호는 인류, 우주에서 우리의 위치, 지구에서 발견한 화학 원소를 설명하는 부분으로 나뉘어요. 메시지는 (외계인이 이해하기를 바라며) 아래와 같아요.

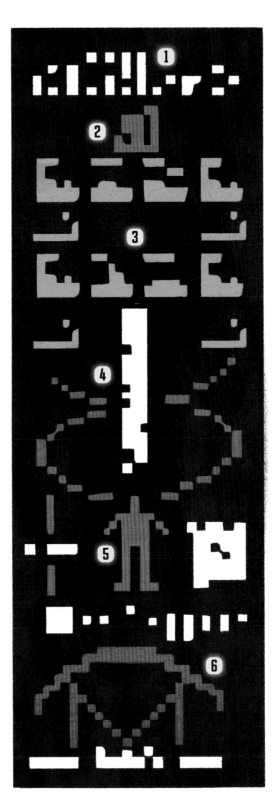

1 숫자
이 부분은 우리가 어떻게 셈을 하는지 설명해요! 천체물리학자들은 숫자를 1에서 10까지로 묘사했어요.

2 원소
여기에는 수소, 탄소, 질소, 산소, 인 원소가 대표적으로 표시되어 있어요. 이들 원소는 지구의 모든 생명체의 기본인 DNA를 이루도록 도와줘요.

3 DNA
이것은 우리의 DNA를 이루는 구성 요소를 나타내요.

4 이중 나선 구조
이중 나선 구조는 DNA의 모양이에요.

5 인간!
여기에 막대 인간이 있어요! 왼쪽에는 1974년의 지구 인구가 있고, 오른쪽에는 인간의 평균 키가 있어요.

6 태양계
그다음에는 지구의 위치가 표시된 태양계 그림이 있어요. 밑에는 아레시보 망원경이 있어요.

별에 귀 기울이면

전파 망원경망

전파 망원경망(VLA)은 미국 뉴멕시코주 국립 전파 천문 관측소에 있어요. 전파 망원경 28개가 Y자 모양으로 나열되어 있죠. 세티 연구소는 2020년에 전파 망원경망과 협력해서 공동으로 외계인을 찾아 나섰어요.

짝 맞추기

필요하면 다른 안테나를 옮길 수 있어요. 수송 차량이 안테나를 들어 올려 철도를 이용해서 새로운 위치로 옮겨요!

외계 문명을 찾는 데 시간과 연구를 기울이는 많은 과학자 집단이 있어요. 외계의 지적인 생명체를 탐사하는 세티(SETI) 연구소는 특별한 전파 망원경으로 별에 메시지를 보내고 들어오는 전파 신호를 들어요. 과학자들은 인간의 기술로 많은 전파 신호를 내보내니까 외계인의 기술도 똑같이 할 수 있다고 믿어요!

앨런 망원경 집합체

앨런 망원경 집합체(ATA)는 최초로 외계 지적 생명체 연구를 위해 특별히 설계한 전파 망원경 42개가 모여 있는 거예요. 미국 캘리포니아주에 있어요.

점점 커지는 규모
앨런 망원경 집합체는 4단계로 개발할 계획이었어요. 처음에는 망원경 42개로 시작한 다음에 천천히 규모를 늘려 망원경 350개까지 배치하려고 했죠. 하지만 자금이 문제가 되었어요!

외계인에게…

인간은 외계 생명체가 너무 궁금해요. 우리는 우주에서 낯선 이들과 접촉하기 위해서 할 수 있는 것은 뭐든 해 볼 거예요. 예를 들면 지구에 있는 생명체가 어떻게 생겼는지 외계인이 이해하도록 메시지를 보내고 있어요! 첫 번째 메시지는 1970년대에 파이어니어 탐사선과 함께 보냈어요. 그다음에 프로젝트가 더 커져서 보이저 계획과 유명한 골든 레코드로 크게 확대되었어요.

파이어니어 금속판

파이어니어에 맡겨진 일은 태양계에서 탈출하는 거였어요. 파이어니어가 알려지지 않은 미지의 세계로 모험을 떠나므로, 과학자들은 지적인 생명체를 우연히 만날 때를 대비해 우주선에 금속판을 싣기로 했어요. 황금빛 금속판에는 남자와 여자, 화학 도표, 태양계에 관한 정보, 파이어니어 탐사선의 예정 항로가 그림으로 그려져 있었어요.

보이저호 임무

두 보이저호는 최초로 천왕성과 해왕성과 같은 태양계의 행성을 탐험했어요. 또한, 태양계 너머 별과 별 사이의 공간인 성간으로 들어간 최초의 우주선이었죠. 보이저 1호와 2호는 1977년에 보름 정도 차이로 발사되었는데, 수십억 킬로미터나 떨어져 있어도 오늘날까지 지구에 데이터를 보내고 있어요! 보이저호는 전자 장치에 전원을 더는 공급하지 못하는 2025년에 작동을 멈춰 임무가 중단될 거라고 예상하지만, 앞으로 수천 년 동안 은하계를 계속 여행할 거예요.

기나긴 여정

보이저 1호와 2호는 거대 가스 행성인 목성과 토성을 더 많이 알아보려고 보냈어요. 보이저 2호는 거대한 얼음 행성인 천왕성과 해왕성에도 갔었어요.

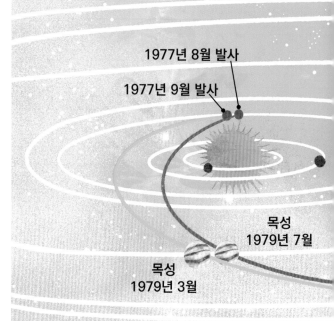

1977년 8월 발사

1977년 9월 발사

목성
1979년 7월

목성
1979년 3월

골든 레코드

보이저호에는 각각 인류의 이야기가
담긴 골든 레코드가 실려 있어요.
골든 레코드에는 일상생활의 모습과
(오른쪽 그림과 같은) 다양한 소리와
55개국 언어로 된 인사말이 들어
있어요!

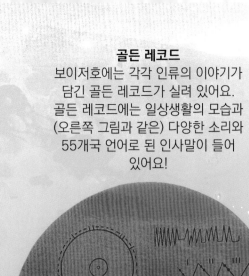

귀뚜라미와 개구리

코끼리, 하이에나, 새

트랙터

오케스트라

보이저 1호

보이저 2호

해왕성
1989년 8월

천왕성
1986년 1월

토성
1981년 8월

토성
1980년 11월

외계인 기술

여러분의 메시지에 외계인이 답할 때까지 기다릴
시간이 없더라도 안심해요. 여기 지구에서 외계 문명을
발견하는 다른 방법이 있으니까요. 외계인 기술의
흔적을 찾는 방법이 있어요. '기술적 흔적'은 미래형
우주선이나 오염된 행성, 또는 거대한 외계 건축
프로젝트에서 나타날 수 있어요. 기술적 흔적은
몇 광년이나 떨어져도 발견할 수 있어서 어떤
종류의 생명체가 어딘가에 존재하는지에 대한
실마리를 얻을 수 있어요.

다이슨 구

과학자들은 첨단 외계 문명이 '다이슨 구'라는 장치를
만들 수 있다고 생각해요. 이 거대 구조물은 에너지를
내보내는 별을 빙빙 둘러쌀 수 있어요. 많은 사람은
'태비의 별(Tabby's Star)'이 이 기술을 잘 설명해
준다고 생각해요. 태비의 별이 가끔 불규칙하게
어두워지는 이유가 다이슨 구 때문일 수 있거든요.
그런데 다른 천문학자들은 먼지구름 때문에 별이
일정치 않게 희미해진다며 그 의견에 반대했어요.

오염된 행성

인간은 지구를 오염시키고 있어요. 외계인이
우리와 마찬가지라면 행성을 오염시킬지도 몰라요.
우주에서 발견할 수 있는 독특한 기체가 기술로 인해
발생한다면, 성능이 좋은 우주 망원경으로 태양계
밖에서 행성의 대기를 관찰해 그 기체를 찾아낼 수
있어요. 그런데 이런 기체를 찾았다고 해서 반드시
외계 생명체의 잘못은 아니라는 점을 꼭 알아두어요!

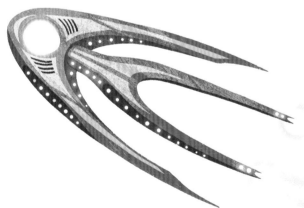

우주선

첨단 문명에는 먼 거리를 여행할 수 있는 빠른
우주선이 필요해요. 이런 우주선은 상당한
양의 에너지로 움직여요. 지구에서 발견할 수
있을 정도의 에너지죠. 이런 신호는 우주에서
자연적으로 일어나는 현상과 달라서 누군가 거기에
있다고 볼 수 있어요!

혜성 택시

혜성은 우주를 휙휙 지나가는 얼음 조각이에요. 혜성은
생명이 시작된 화학 물질을 지구에 줬을지도 몰라요. 그런데
혜성에 그보다 더 많은 것이 있다면 어떨까요? 생명체를 옮기던
혜성이 지구와 충돌했을 때 지구에 생명체를 남겨뒀다면 어떨까요?
이렇게 외계인이 혜성과 유성을 타고 우주 이곳저곳을 이동한다는 이론을
'범종설'이라고 불러요. 모든 사람이 믿지는 않지만요!

재미있는 꼬리

혜성에 꼬리가 있다는 것을 눈치챘나요? 혜성이
우주를 여행할 때 뒤에서 꼬리가 쑥 나온다고
생각하겠지만, 틀렸어요! 혜성은 행성처럼 태양
주위를 빙 돌아요. 혜성이 태양에 가까워질수록
꼬리는 점점 커지면서 태양열을 피해서 뻗어요.
그래서 꼬리는 항상 태양의 반대쪽을 가리켜요.

이론의 결함

지구 최초의 생명체가 혜성 충돌로 생겼다고 가정해 봐요. 왜 다른 곳에서는 생명체가 퍼지지 않았을까요? 태양계 전체에서 충돌이 일어난다면 이들 혜성이 다른 곳에도 생명체를 옮겼어야 했어요. 하지만 우리가 알다시피 태양계 어디에서도 아직 외계인을 발견하지 못했어요. 범종설에는 또 다른 문제가 있어요. 좀 더 최근에는 유성의 충돌로 지구에 더 많은 외계 생명체가 왔어야 하는데, 아직 외계 생명체를 발견하지 못했거든요. 범종설은 우리에게 해답보다 더 많은 의문점을 남긴 이론이에요!

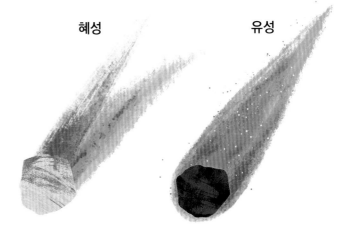

혜성   유성

혜성 대 유성

혜성은 가스와 먼지로 된 꼬리가 뒤따라 나오는 얼음으로 덮인 암석이지만, 유성은 지구의 대기권으로 들어온 돌조각이에요. 유성은 '별똥별'로도 알려져 있어요!

튼튼한 승객
모든 생명체가 혜성에 올라탈 수는 없어요. 범종설에는 우주의 극한 상황을 이겨낼 수 있는 튼튼한 유기체가 있어야 해요.

외태양계

우리는 우리은하를 더 자세히 들여다보다가 다른 별 주위를 도는 새로운 세계를 발견해요. 이런 외태양계(태양계 밖의 세계)는 모양과 크기가 제각각이며 은하계 곳곳에 흩어져 있어요. 1995년에 우리 태양과 비슷한 별 주위를 도는 행성을 처음으로 발견했어요. 거의 30년이 지난 현재 천문학자들은 약 5천 개의 새로운 세계를 발견했어요! 이렇게 태양계 밖에서 별(항성) 주위를 도는 외계 행성을 발견할수록 우주 어디엔가 생명체가 존재할 수 있는 곳이 수없이 많아지죠.

외계 세계

외계 행성이 완전히 다른 외계 세계라고 상상하나요? 일부는 맞지만, 많은 외계 행성은 태양계에 있는 행성과 비슷해요! 어떤 외계 행성은 바위와 산이 많고, 다른 외계 행성은 물이 담긴 호수가 표면에 흩어져 있을지도 몰라요. 천문학자들은 이런 비슷한 점을 통해 외태양계가 어떻게 만들어지고 외계 생명체가 외계 행성에 살 가능성에 대해 더 잘 알 수 있어요.

두 별
별이 두 개인 태양계는 사실 꽤 흔해요!

행성의 종류

외계 행성이 모두 다 똑같지 않아요. 어떤 외계 행성은 표면이 울퉁불퉁한 바위투성이로 되어 있어서 생명체가 살 수 있어요. 다른 행성은 우리가 태양계에서 보는 것처럼 바다 세계가 있거나 얼음처럼 차가운 가스 덩어리일 수 있어요. 어떤 행성은 혼자서 따로 행동해요. 별 주위를 돌지 않고 그냥 자유롭게 은하계를 떠다니죠! 행성학자들은 외계 세계를 네 종류로 분류했어요.

지구형 행성
이 외계 행성은 우리 태양계 내의 행성과 비슷하게 암석이 많은 행성이에요. 지구형 행성은 크기가 지구와 같거나 작고, 표면과 대기에 물이 있을 수 있어요.

슈퍼 지구
이 외계 행성은 오로지 크기로 나뉘었어요. 슈퍼 지구는 지구보다 훨씬 크지만, 해왕성보다 작아요. 슈퍼 지구는 이름과 달리 반드시 지구처럼 암석이 많은 행성은 아니에요.

목성형 행성
여기에 속한 세계는 짐작하듯이 거대한 얼음 행성인 목성과 비슷해요. 목성형 행성은 바위로 된 핵이 있는 가스 행성이에요.

거대 가스형 행성
이 행성은 크기가 목성과 같거나 커요. 거대 가스형 행성은 대기가 주로 가스로 되어 있어요. 여기에는 별 주위를 아주 가깝게 도는 '뜨거운 목성형 행성'이 있는데, 표면 온도가 펄펄 끓듯이 뜨거워요.

외계 행성 찾기

천문학자들은 성능이 좋은 망원경으로 몇 광년이나 멀리 떨어진 외태양계에서 행성을 찾을 수 있어요. 하지만 이들 외계 행성은 크기가 별보다 작아서 보기가 매우 어려워요! 이런 이유로 과학자들은 다른 방법으로 이들 행성을 찾아서 무슨 물질로 이뤄졌는지 알아내야 해요. 우리은하의 외계 행성뿐만 아니라, 최근에는 완전히 다른 은하에 있는 행성도 찾을 수 있어요! 이렇게 멀리 떨어진 세계를 찾는 것은 외계 생명체를 찾는 데 아주 중요해요. 외계 생명체가 살 수 있는 행성을 더 많이 찾을수록 외계인을 발견할 가능성이 더 커지거든요.

통과 방법

행성이 별 앞을 지나갈 때 별의 밝기가 조금 약해져요. 통과 방법은 멀리 있는 외계 행성을 찾기에 좋은 방법이에요. 밝기가 줄어든 정도를 측정하면 행성의 크기, 별과의 거리, 표면 온도에 관한 정보까지도 얻을 수 있거든요!

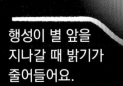

행성이 별 앞을 지나갈 때 밝기가 줄어들어요.

다른 방법

과학자들이 통과 방법으로 많은 외계 행성을 발견하긴 했어도 한계가 있어요. 그중 하나가 이 방법으로 긍정적이지만 거짓 결과를 많이 얻을 수 있다는 거죠. 밝기가 줄어든다고 해서 행성이 꼭 지나간다는 법이 없다는 뜻이에요! 천문학자들은 이 문제를 피하려고 다른 방법을 써서 외계 행성을 찾으려고 노력했어요.

1
흔들리는 별들
행성의 중력으로 별이 조금씩 흔들릴 수 있어요. 과학자들은 시간이 시남에 따라 하늘에서 별의 위치를 측정해서 행성을 찾을 수 있어요.

2
다른 색
별이 흔들리면 별에서 나오는 색도 끊임없이 변해요. 과학자들은 변하는 색을 발견해서 행성을 찾을 수 있어요.

3
직접 보기
어렵긴 하지만 실제로 외계 행성을 볼 수 있어요! 천문학자들은 이렇게 하려면 먼저 별의 밝기를 막는 방법을 찾아야 해요.

4
확대경
행성의 중력은 별에서 나오는 빛에 초점을 맞출 수 있어요. 그러면 별이 잠깐 더 밝아 보여요. 별이 더 밝으면 근처에 행성이 있을 수 있다는 뜻이죠.

우주 망원경

여러분은 알아채지 못할 수 있지만, 지구의 대기는 우주에서 오는 해로운 방사선으로부터 줄곧 여러분을 지켜 주고 있어요. 그런데 천체물리학자에게는 약간 짜증 나는 일이기도 해요. 차단한 방사선을 분석하고 싶으니까요! 우주에 망원경을 설치하면 이 문제가 해결되죠. 우리는 이런 우주 관측소 덕분에 태양계 밖의 세계를 탐험하고 우주에서 생명체를 찾아볼 수 있어요.

하늘의 눈

허블 우주 망원경은 1990년에 설치된 이후로 천문학과 우주 생물학 분야에서 아주 놀라운 과학적 연구를 해냈어요. 망원경에 들어온 빛은 거울에 반사되어 특수 기기로 초점을 맞춰 분석할 수 있어요. 허블 망원경은 우리은하에서 멀리 떨어진 세계뿐만 아니라 태양계의 행성에 관한 정보를 우리에게 전해 줬어요.

태양 전지판은 태양에서 나오는 빛을 이용해서 기기를 움직이는 데 필요한 전기를 허블 망원경에 공급해 줘요.

과학 기구는 허블 망원경 앞쪽 끝에 놓여 있어요.

협동

허블 망원경은 혼자가 아니에요.
지구 주위를 도는 여러 망원경은
우리가 우주에서 생명체를 찾도록
도와주고 있어요. 우리는 이런
망원경으로 다른 외태양계가
만들어지는 과정을 지켜보고,
외계 행성의 대기를 분석하는 등
더 많은 것을 할 수 있어요!

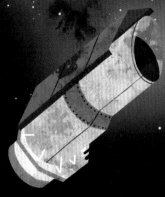

스피처

스피처 망원경은 들어오는
적외선을 관찰해요. 망원경의
일부 기기는 작동하려면 아주
차가워야 해요. 다른 기기는
실온에 있더라도요.

제임스 웨브

이 망원경은 허블 망원경의 뒤를
이을 거예요. 우주에 보낸 가장
성능이 좋은 망원경이거든요!
무엇보다도 제임스 웨브 망원경은
외계 행성에서 '생명체 흔적'을
찾고 있어요.

테스

테스 망원경은 우주의 85%에
해당하는 영역에서 외계 행성을
조사해요. 테스 망원경은 통과
방법으로 시간이 지나면서 별의 밝기가
줄어드는지를 살펴봐요.

케플러

테스 전에 쓰던 케플러 망원경은
작동하는 동안에 수천 개의 외계
행성을 발견했어요. 지금까지의
우주 망원경 중 가장 많은 것을
발견했죠!

태양계 밖의 이웃

겨우 몇 광년 떨어진 곳에 우리와 가장 가까운 외태양계인 알파 센타우리가 있어요! 알파 센타우리는 가깝다는 이유로 우리가 우주에서 생명체를 주로 찾는 곳이에요. 이 항성계는 맨눈으로 보면 밤하늘에서 한점의 빛으로 보일 따름이죠. 하지만 성능이 좋은 망원경으로 가까이 들여다보면 우리 이웃에 보이는 것보다 더 많은 것이 있음을 알 수 있어요!

A와 B 별

바위가 많은 표면

프록시마 센타우리 별은 'b'와 'c'와 'd'로 지정된 행성 세 개가 주위를 돌고 있어요. 프록시마 센타우리 b는 표면에 액체가 있고 울퉁불퉁한 바위가 많아서 생명체가 있을 수 있는 행성으로 여겨지고 있어요. 행성학자들은 프록시마 센타우리 c가 토성처럼 고리가 있는 슈퍼 지구라고 생각하죠. 프록시마 센타우리 d는 2022년에 발견했어요.

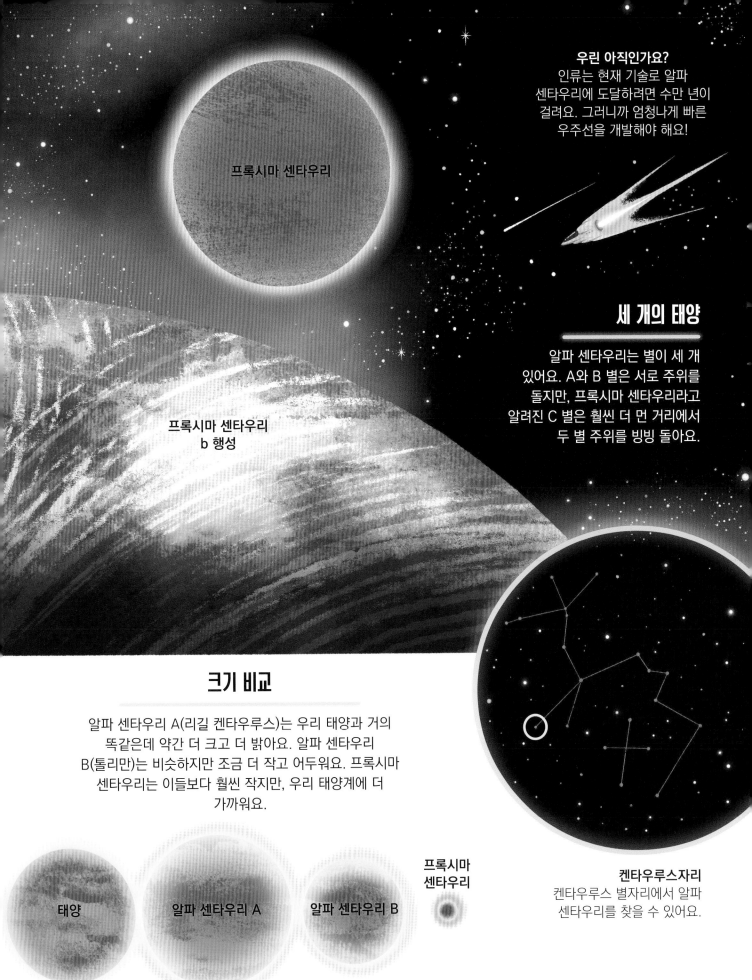

프록시마 센타우리

우린 아직인가요?
인류는 현재 기술로 알파 센타우리에 도달하려면 수만 년이 걸려요. 그러니까 엄청나게 빠른 우주선을 개발해야 해요!

세 개의 태양

알파 센타우리는 별이 세 개 있어요. A와 B 별은 서로 주위를 돌지만, 프록시마 센타우리라고 알려진 C 별은 훨씬 더 먼 거리에서 두 별 주위를 빙빙 돌아요.

프록시마 센타우리
b 행성

크기 비교

알파 센타우리 A(리길 켄타우루스)는 우리 태양과 거의 똑같은데 약간 더 크고 더 밝아요. 알파 센타우리 B(톨리만)는 비슷하지만 조금 더 작고 어두워요. 프록시마 센타우리는 이들보다 훨씬 작지만, 우리 태양계에 더 가까워요.

태양

알파 센타우리 A

알파 센타우리 B

프록시마 센타우리

켄타우루스자리
켄타우루스 별자리에서 알파 센타우리를 찾을 수 있어요.

61

트라피스트계

트라피스트계(TRAPPIST-1)는 과학자들이 별 주위를 도는 지구만 한 크기의 행성 7개를 발견하면서 화제가 되었어요. 이 중 행성 4개는 외태양계의 거주할 수 있는 구역에 놓여 있었어요. 행성 중 6개는 표면에 액체 상태의 물이 있을 수 있어요. 과학자들은 트라피스트계에 매우 들떠 있어요. 트라피스트계는 지구와 같은 행성 중 어떤 행성이 우리은하에 존재하는지와 어떻게 외계 생명체가 거기서 지낼 수 있는지를 우리가 더 잘 이해하도록 도와주거든요.

바위가 많은 행성

과학자들은 트라피스트 행성이 별에 가까워지기 전에 아주 멀리 떨어졌던, 바위가 많은 세계라고 생각해요. 이 외태양계는 우리 태양계를 빼고 가장 많이 연구되었어요!

트라피스트-1c
이 행성은 금성과 비슷하게 대기층이 두꺼워요.

트라피스트-1f
과학자들은 이 행성이 지구보다 더 많은 물을 갖고 있을지도 모른다고 생각해요!

트라피스트-1d
이 작은 외계 행성은 외태양계의 거주할 수 있는 구역 끄트머리에 놓여 있어요.

트라피스트-1e
과학자들은 이 행성이 지금까지 발견한 행성 중에서 거주하기에 가장 적당한 행성이라고 믿어요.

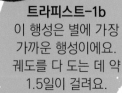

트라피스트-1b
이 행성은 별에 가장 가까운 행성이에요. 궤도를 다 도는 데 약 1.5일이 걸려요.

멀리 떨어진 친구

트라피스트계는 물병자리 안에 있어요. 우리하고는 40광년쯤 떨어져 있어서 당장 가 보지는 못해요! 주인별은 맨눈으로 볼 수 없어서 성능 좋은 망원경이 필요해요.

작은 외태양계

트라피스트-1 외계 행성이 너무 빽빽이 꽉 들어차 있어서 전체 외태양계가 수성의 궤도 안으로 쏙 들어갈 수 있어요! 외계 행성은 너무 가까워서 하늘에서 서로 또렷이 볼 수 있어요. 트라피스트-1은 우리 하늘에서 달보다 더 크게 보여요.

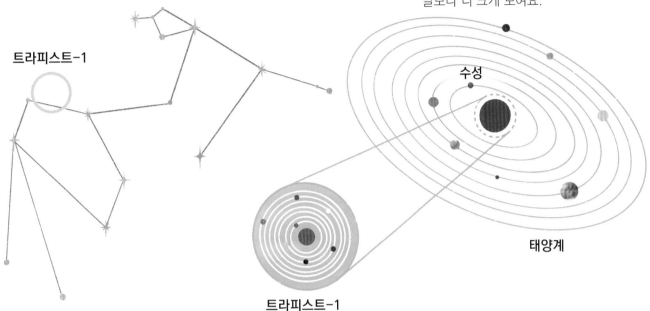

트라피스트-1

수성

트라피스트-1

태양계

트라피스트-1h

과학자들은 이 행성이 너무 추워서 어떤 외계 생명체도 머무를 수 없다고 생각해요.

트라피스트-1g

이 행성은 바다가 쫙 펼쳐져 있고 대기에 수증기가 있을 수 있어요.

범종설

외계 행성은 서로에게 너무 가까워서 트라피스트계 안에서 범종설이 일어날 가능성이 있어요. 혜성과 유성은 이쪽 행성에서 저쪽 행성으로 외계 생명체를 옮기므로 여기에 생명체가 존재할 확률이 커질 수 있죠.

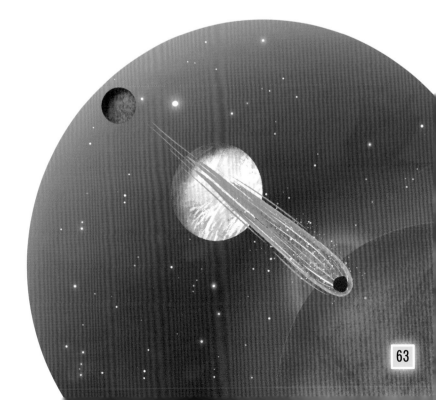

별과 별 사이를 여행하는 성간 여행

우리가 외계 생명체를 찾으려고 태양계 밖으로 향하면서 외태양계를 여행하는 방법이 아주 중요해졌어요. 태양을 빼고 가장 가까운 별이 수조 킬로나 떨어져 있거든요. 따라서 우리는 사는 동안에 우주를 쌩하고 지나갈 정도로 아주 빠른 우주선을 만들어야 해요. 성간 여행은 인류가 언젠가 태양계가 아닌 다른 별 주위를 돌기 원한다면 우리의 유일한 희망이죠. 과학자들은 어떻게 빛의 속도에 가깝게 여행할 수 있는지에 대한 몇 가지 의견을 내놓았어요.

초고속
빛이 우주의 진공 공간에서 빠르게 여행할 수 있는 속도는 초당 약 30만 킬로미터입니다.

우주 돛단배

우주 돛단배는 태양에서 나오는 빛이나 레이저를 이용해서 앞으로 나아가는 우주선이에요. 우주 돛단배는 필요한 동력을 얻으려고 항상 별에 가까이 있지 못하니까 레이저를 이용하는 것이 더 좋아요. 우주 돛단배는 빛이 연료가 되므로 기존처럼 무거운 연료통을 추가로 달 필요가 없어요.

태양계에 온 성간 방문객

성간 우주선은 미래에나 가능하더라도, 우리는 태양계에 온 성간 방문객을 발견하기 시작했어요. 2017년에 빠르게 지나간 '오무아무아'는 우리가 처음으로 알게 된 존재였어요. 처음에는 혜성이라고 생각했는데 데이터를 살펴보니 혜성의 특징과 맞지 않았어요. 과학자들은 오무아무아가 먼 행성에서 떨어져 나온 잔해이거나 완전히 새로운 형태의 천체일 수 있다고 생각하죠.

전기

이 추진 장치는 전기를 이용해서 우주선에 동력을 전달할 수 있어요. 전기 추진은 다른 장치보다 속도를 올리는 데 오래 걸리지만 다른 성간 여행 방법과 함께 잘 작동할 수 있어요.

원자력

원자력은 지구에서 에너지를 만드는 데 쓰이지만, 우주선에 동력을 공급하는 데도 쓰일 수 있어요. 모든 물질을 이루는 작은 입자인 원자가 분열하면서 엄청난 양의 에너지를 일으키는 거죠. 우주에서 원자폭탄을 빵 터뜨리는 것과 맞먹어요!

조부모 세대
초기에 우주선에 탄
할아버지와
할머니는 지구의
생명체에 관해 다음
세대에게 알려 줄
거예요.

부모 세대
이 우주선에서 엄마와
아빠는 매일
우주선에서 일하고 다음
세대를 낳고 키우는
중요한 책임이 있어요!

배고픈 우주선

여러 세대의 사람들이
우주선에서 쭉 살아가려면
신선한 음식이 많이
필요해요. 오늘날
과학자들은 중력이 극히
적은 우주선 환경에서
어떻게 작물을 키울지에
관한 우주 농업을 연구하고
있어요.

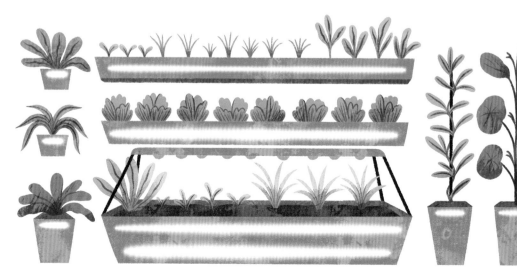

세대 우주선

초고속으로 성간을 여행할 수 있지만, 다른 방법으로도 외계인을 찾을 수 있어요. 세대 우주선은 노아의 방주처럼 수 세기 동안 존재할 수 있는 사람을 태운 우주선이에요. 여러 세대의 사람이 오랜 시간 우주에서 여행하면서 목적지에 도달할 때까지 우주선에서 살아가는 거죠. 우주선에 탄 사람 중 일부는 행성의 생명체가 어떻게 생겼는지 한 번도 경험하지 못할 수도 있어요! 세대 우주선에서는 앞으로 몇 년 동안 우주선에서 사람들이 계속 살아가는 데 뭐가 필요한지를 생각해 두는 것이 중요해요.

아이 세대
이 우주선의 아이들은 우주에서 태어나요. 아이들이 목적지에 도착한다면 최초로 외계 행성을 걸을 수 있어요!

행복한 우주선

지구에서는 세대 간에 많은 차이가 나요. 그런데 우주선에서는 모든 세대가 같은 목표를 향해 노력하는 것이 정말로 중요해요. 일부 젊은 세대가 임무에 반대한다면 어떻게 해야 할까요?

누군가 우리를 보고 있을까요?

1950년, 물리학자 엔리코 페르미는 동료들에게 "모두 다 어디에 있지?"라고 물었어요. 여기서 모두는 외계 생명체를 말해요. 계산해 보면 우주에 외계 생명체가 존재할 확률이 아주 큰데도, 인류는 아직 외계인을 접하지도 못했고, 고대 외계 문명의 유적도 발견한 적이 없어요. 이렇게 앞뒤가 안 맞는 것을 '페르미 역설'이라고 해요. 다음은 이 수수께끼를 설명해 주는 있을 법한 세 가지 경우예요.

"외계인은 존재하지 않아."

외계 생명체가 우주 어디에도 존재하지 않다는 말이 간단한 대답이 되죠. 여기에는 다양한 이유가 있을 수 있어요. 어쩌면 복잡한 생명체로 발달하려면 아주 특별한 상황이 일어나야 할지도 몰라요. 아니면 외계인이 존재했었는데 오래전에 모두 다 죽었을 수도 있어요. 이런 가정을 하다 보면 지구상의 생명체가 좀 더 소중하게 느껴져요!

"지적인 생명체는 존재하지만, 우리를 무시하고 있어."

지적인 외계 생명체는 우리의 존재를 알고 있지만, 인류와 접촉하길 피하고 있을 수도 있어요. 바로 지금 우리를 보고 있을 수도 있죠! 앞선 외계 문명이 지구의 발전에 끼어들거나 실수로라도 지구를 오염시키길 원치 않기 때문일 수도 있고요.

"지적인 생명체는 어디에도
존재하지 않아."

지구에는 사람과 다양한 종류의 동식물이 살고 있어요. 아마도 우주 어딘엔가 생명체가 존재하지만, 첨단 기술이 발달할 정도로 지적이지 않을지도 몰라요. 예를 들어 딱따구리로 가득한 외계 행성이 있다면 아직 우리와 접촉하지 않는 것도 말이 되죠. 우리가 그냥 밖으로 나가서 직접 찾아봐야 해요!

우리가 특별한가요?

복잡한 생명체가 발달하는 조건이 아주 드물게 일어난다는 이론을
살펴볼까요? 지구의 생명체가 어떻게 생겨났는지를 들여다보면
제대로 일어나야 하는 매우 특정한 일이 많았어요. 운이 좋아서 딱
맞는 시기에 딱 맞는 장소에 있었던 걸까요? 아니면 우주에서는
이렇게 종종 생명체가 생겨날까요?

희귀한 지구

희귀한 지구 가설은 지구의
생명체가 생기는 조건이 우주
어딘가에서 똑같이 일어날
가능성이 거의 없다고 말해요.
이 가설을 믿는 과학자들은
아주 단순한 생명체가 우주에
존재할 수 있지만, 동물 생명체는
태양계에서만 볼 수 있다고 말해요.

지구에서 생명체가 진화하기 위한 조건

 알맞은 은하
우리은하는 크기가 적당하고 거주할 수 있는 구역에 태양계가 있어요.

 작은 별
태양처럼 작은 별은 시간이 지남에 따라 천천히 자라서 거주할 수 있는 환경이 만들어져요.

 바위 같은 물체
지구 같은 암석 행성은 표면에 물이 있고 대기를 유지할 수 있어요.

 커다란 위성
우리의 커다란 위성 달은 지구가 흔들리는 것을 막아 안전한 환경을 만들어요.

 딱 좋은 시기
지능이 있는 종인 인간은 지구가 거주할 수 있는 시기에 진화했어요.

외계인 뼈

지구에서 복잡한 생명체가 발달하려면 많은 특정한 일이 제대로 일어나야 했어요. 지적인 외계인을 발견하지 못할 것 같다는 말로 들리네요. 하지만 미래에 어느 날 우주비행사가 다른 행성에서 뼈를 발견해서 모든 게 변할지도 몰라요!

최초의 접촉

우리는 미래의 어느 순간에 마침내 외계인을 발견할지도 몰라요. 최초의 접촉은 어떤 모습일까요? 작은 미생물 유기체를 발견한다면 우리 주위의 우주를 바라보는 방식이 바뀔 수 있어요. 더 지적인 외계인을 만난다면 우리가 싸우러 온 게 아니라는 것을 그들에게 꼭 알려야 해요! 외계인과 얼굴을 맞대면 인류가 우리 생각만큼 아주 특별한 존재가 아니라는 것을 깨닫게 될 거예요. 우리에게 익숙한 모습과 너무나 다른 종과는 어떻게 소통할까요?

긴급 뉴스

외계인을 발견하면 전 세계에 긴급 뉴스로 전해질 거예요. 복잡한 여러 감정이 생기겠죠. 어떤 사람들은 외계인과 어떤 교류도 피해야 한다고 보고, 다른 사람들은 우주를 더 잘 이해하려면 외계인과의 접촉이 중요하다고 생각하기도 하죠. 여러분은 어떻게 생각하나요?

문명의 종류

외계인과 처음 접촉할 때 접하는 사회의 종류를 생각해 두면 도움이 될 수 있어요. 러시아의 천체물리학자 니콜라이 카르다쇼프는 이 문제를 해결하려고 외계인의 기술 발달에 따라 문명을 정의했어요.

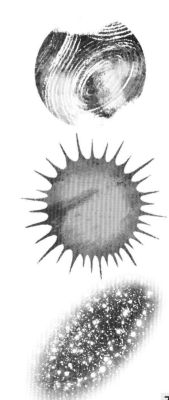

제1종 문명
이 문명은 외계인이 사는 행성에 존재하는 모든 에너지와 자원을 이용할 수 있어요. 인류는 아직 이 수준에 도달하지 못했어요.

제2종 문명
훨씬 더 발달한 이 문명은 다이슨 구(50페이지 참조)처럼 거대한 구조를 세워서 주인별에서 나오는 에너지를 이용할 수 있어요.

제3종 문명
이 미래형 문명은 은하 안의 수십억 개의 별을 이용해서 그 힘을 얻을 수 있어요! 거기에 사는 외계인은 은하 사이를 여행할 수 있지요.

미래

우리는 이 책을 통해 우주에서 외계인이 숨어 있을 법한 많은 곳을 살펴봤어요. 우리가 우주에서 혼자인지 아닌지에 관한 아주 오래된 질문에 대답이 될 만한 정말 멋진 곳을 많이 찾아봤죠.

인간은 호기심이 많아요. 그러니 외계인을 찾는 노력이 좀처럼 끝나지 않을 거예요. 과학자들은 확실한 대답을 찾을 때까지 계속 외계인을 찾아보겠죠. 여러분에게는 우주 생물학을 공부하고 전 세계적으로 노력을 기울일 시간이 아주 많다는 뜻이에요.

우주 밖에서 무엇이 우리를 기다리고 있을지는 절대 알 수 없어요. 어쩌면 아주 멀리 떨어진 우리은하 반대편 세계에서 혼자인지 아닌지를 알아보려고 하는 외계 문명이 존재할지도 몰라요. 언젠가 별이 나란히 놓여 우리 세계와 만나길 기대해 봐요!

단어 풀이

간헐천
뜨거운 물이나 수증기가 일정한 간격을 두고 나왔다가 멎었다가 하는 온천. 화산 활동이 있는 곳에서 많이 나타난다.

계통수
동물이나 식물의 진화 과정을 나무에 비유해 나타낸 그림.

골디락스 존
물이 행성의 표면에 액체 상태로 존재하기에 딱 알맞은 조건을 갖춘, 즉 생명체가 살아가기에 적합한 환경을 지닌 별 주변 지역.

광년
빛이 1년 동안 이동할 수 있는 거리. 1광년은 빛이 초속 30만 킬로미터의 속도로 1년 동안 나아가는 거리로 9조 4670억 7782만 킬로미터.

광합성
녹색식물이 빛 에너지를 이용해 이산화탄소와 물로 필요한 영양분을 만드는 과정.

궤도
물체가 우주 공간에서 다른 물체 주위를 돌 때 지나가는 길.

극한 생물
매우 뜨거운 사막부터 얼어붙은 극지방, 깊고 어두운 바닷속처럼 극단적인 환경에 적응하며 살아가는 생물.

기술적 흔적
기술적으로 앞선 외계 사회를 암시하는 특징.

내골격
척추동물의 몸 안에서 몸을 지탱하는 뼈대.

대기
행성이나 위성을 둘러싸고 있는 가스층.

미국 항공 우주국(NASA)
나사. 1958년, 미국의 우주 개발 계획을 추진하기 위해 설립된 정부 기관.

미생물
눈으로 볼 수 없는 아주 작은 생물이나 유기체.

미확인 비행 물체(UFO)
유에프오. 전문가의 눈이나

전파 탐지 따위로도 정체를
알아낼 수 없는 비행체.

발광 생물
몸에서 빛을 낼 수 있는
생물.

범종설
생명체가 혜성과 유성을
타고 우주에서 이동한다는
이론.

빅뱅
우주의 탄생을 가져왔다고
보는 거대한 폭발.

생명체 흔적
생물의 존재를 알려 주는
실마리.

세티(SETI) 연구소
1984년에 설립된 우주에서
생명의 기원과 진화, 외계

생명체에 관한 연구를
수행하는 미국의 비영리
민간 연구소.

소행성
화성과 목성 사이의
궤도에서 태양의 둘레를
도는 작은 행성. 행성보다는
작지만, 위성보다는 큰 천체.

실리카
이산화규소. 석영, 수정,
수석, 마노 등에 있는
규소의 산화물.

얼음 화산
물, 암모니아, 메탄 등을
분출하는 화산으로 지구 밖
행성에 존재한다.

왜행성
행성 같아 보이지만,
행성보다 작은 태양계 천체.

태양을 중심으로 한 궤도와
중력을 유지할 수 있는
질량을 가지며, 원형에
가깝다. 궤도 주변의 다른
천체를 흡수할 수 없고,
다른 행성의 위성이 아니다.

외계 행성
태양계 밖에 존재하는 별
주위를 도는 행성.

외계인
우주인. 지구가 아닌 곳에서
온 생명체.

외골격
동물체의 겉면에 있는, 몸을
보호하기 위해 딱딱해진
구조.

외태양계
우리가 사는 태양계 밖의
세계.

단어 풀이

우리은하
'은하수'로 불리는, 우리
태양계가 있는 은하.

우주
우리가 존재한다고 알고
있는 모든 것.

우주 생물학
지구와 우주에서 생물이
어떻게 발달했는지
연구하는 학문.

위성
행성의 주위를 돌고 있는
천체. 지구의 위성은 달.

유기체
살아 있는 것.

유성
우주 밖에서 행성의 대기로
들어온 암석.

은하
별, 행성, 가스, 먼지가
중력으로 똘똘 뭉친 것.

자기장
자석의 주위, 전류의 주위,
지구의 표면 등과 같이
자기의 작용이 미치는 공간.

중력
질량이 있는 물체가 서로
끌어당기는 힘.

진화
생물이 여러 세대에 거쳐
살고 있는 환경에

적응하려고 점점 변해 가는
현상.

천문단위(AU)
태양계 내의 천체 사이의
거리를 나타내는 단위.
보통은 태양과 지구와의
평균 거리를 이른다.
1천문단위는 약 1억
4960만 킬로미터.

천문학자
우주를 연구하는 과학자.

천체
우주에 있는 모든 물체.

천체물리학자
별, 위성, 행성과 같은
우주에 있는 물질을
연구하는 과학자.

탈주 온실 효과
온실 효과가 점점 더
심해지는 현상.

태비의 별(Tabby's Star)
지구에서 약 1470광년
떨어진 백조자리의 별로,
불규칙한 깜빡임으로
유명한 별.

태양계
주인별(또는 별)인 태양과
8개의 행성, 50개 이상의
위성, 화성과 목성 사이의
소행성 등으로 구성된 천체.

포스핀
수소와 인의 독성 화합물.
지구에서는 일부 유기체에
의해 만들어져 금성 대기의
포스핀이 금성에 존재하는
생명 현상의 흔적이라는
의견이 있다.

하성 삼각주
강과 바다가 만나는
하구에서 물이 흐르는
속도가 줄어들면서 강물이
운반해 온 모래나 흙이 쌓여
이루어진 편평한 지형.
드물게는 예제로 분화구처럼
강과 거대한 호수가 만나는
곳에서도 삼각주가
만들어질 수 있다.

항성
'별'이라고도 불리는, 스스로
빛을 내는 천체.

행성
별 주위를 도는, 스스로
빛을 내지 못하는 둥근
천체.

혜성
얼음과 먼지로 이루어진
천체로, 태양에 가까워지면
긴 꼬리가 생겨 꼬리별로도
불린다.

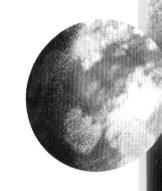

찾아보기

언젠가 꼭 만나요~!

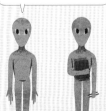